IBM i

AI・API・
クラウドが創る

2030

JN016305

株式会社 MONOʌ

下野 皓平 著　菅田 丈士 著

はじめに

　本書は、IBM i（旧称 AS/400）という IBM が提供する企業向け OS（オペレーティング・システム）を利用している企業の経営者、情報システム部門、営業部門・製造部門などのユーザー部門のみなさまに向けて、次の時代の基幹システムを考える上での参考になることを目指しています。また、IT ベンダーの立場として、IBM i に関わることになった方にも入門書として役立つことを願っています。

　本書の最も重要なメッセージは、「**AI・API・クラウド時代に、IBM i の壁は壊される**」ということです。

　IBM i は 1988 年に AS/400 として世に出て以来、大企業から中堅企業まで、日本だけでも約 2 万社近くの企業で利用されてきました。その**テクノロジー自体は素晴らしいものですが、中長期的に使いこなしていくためには企業としての覚悟が必要で、時代の流れとともに使いこなせている企業とそうでない企業に二極化してきています。**

　この二極化の背景には、IBM i の 2 つの壁が存在します。1 つ目の壁は、IBM i と新しいテクノロジーの「技術的な壁」。もう 1 つの壁が、「知識・人材の壁」です。

　世の中には、クラウドサービスをはじめとする新しいサービスが登場していますが、それらとスムーズにシステム連携するためには、技術的なハードルが高い状態が続いてきました。これが一つ目の壁です。今ではその壁は壊されていますが、まだまだ壁があると感じられている方も多くいらっしゃる

でしょう。

　そして、もう一つの壁が、「知識・人材の壁」です。最近のように IBM i も API 連携が簡単になる前の状態においては、仮に連携することができたとしても、それを実装するためには高度なスキルやニッチなスキルが求められてきました。「技術的に実装できなくはないけれど、やり方がわからない」「属人化の回避や業務改善のために新しいテクノロジーを実装したいけれど、諦めざるを得ない」という状況が散見されてきました。

　そんな状況の中、脱 IBM i プロジェクトに踏み切りうまくいかないケースや、踏み切らないまでも、別プラットフォームや ERP パッケージと比較検討する過程で、改めて IBM i の価値を再評価されることも増えてきました。

　そして、AI・API・クラウドの普及が追い風となり、IBM i と新しいテクノロジーをどう利用するか、という流れが生まれているのです。

　IBM i の情報はインターネットでの検索が難しく、情報システムの専門家である IT ベンダーでさえも、正確な情報を得るのは容易ではありません。情報収集は本当に大変です。そのため、本書では少しでも多くの IBM i ユーザー企業にリアルを伝えたいという思いで執筆をさせていただきました。

　本編に入る前に、私たちが、本書でお伝えしたいことをまとめておきます。繰り返しになりますが、本書の最も重要なメッセージは、「AI・API・クラウド時代に、IBM i の壁は壊される」ということです。すなわち、IBM i の有効利用を阻んできた技術習得の壁や周辺システムとの連携の壁が破壊さ

はじめに

れ始めているのです。

　以上の点を踏まえ、本書は下記のような構成としました。時間のない読者の方も多いかと思いますので、ご興味のあるところだけでも読んでいただけますと幸いです。

[序章]

　IBM i を利用しているユーザー企業の現状、そしてその未来について書きます。1988 年に AS/400 として登場して以来、今も多くの企業で基幹システムとして利用される IBM i。どういった企業で利用され、どのように評価されてきたのか、そして、次の未来について、簡単にご紹介します。

[第一章]

　この本のメイントピックである「IBM i とは何か?」について、説明します。ビジネスのために設計された OS。IBM i の理解が難しいのは、一般的に広くイメージされる OS の領域をはるかに超えているからです。これは、一貫した設計思想を持っている Apple が提供する iOS に通ずるところがあります。

[第二章]

　この本のメッセージである「AI・API・クラウドで、基幹システムがどのように変わっていくのか」、概要を説明します。AI・API・クラウドの 3 つのキーワードが IBM i の弱みを補完し、次の時代に IBM i を有効活用する上での重要なテクノロジーやトレンドになります。

[第三章]

　フロントエンド・バックエンドに分類し、IBM i と新テクノロジーがどういった領域に向いているのか、説明します。バックエンドに適性のある IBM i 、フロントエンドに適性のある新テクノロジーを組み合わせ、どういったことができるのか、その活用例と合わせてご説明します。

[第四章]

　「IBM からの IBM i の提供はいつまで続くのか?」という、ユーザー企業が一度は考えたであろう懸念について取り上げます。IBM はこれまでにさまざまな部門を事業売却してきたことから、「IBM i はいつまで提供されるの?」と不安を抱く企業は少なくありません。しかし、多面的な視点から事実を整理した結果、IBM が IBM i を提供しなくなる可能性は極めて低いことがわかりました。

[第五章]

　なぜ多くの企業で脱 IBM i が試みられ、失敗するのか、という点でご説明します。IBM i にかかわらず、基幹システムの移行は難易度の高いプロジェクトですが、IBM i 特有の落とし穴についても言及しながらご説明します。この章では、脱 IBM i をしようとした企業の事例や、他のプラットフォームとの比較から IBM i の特性を整理します。

[第六章]

　「今の時代にこそ利用するべき IBM i 」というテーマです。IBM i はとて

はじめに

も歴史の長いテクノロジーですが、ビジネスのための OS として非常に完成度の高いこの技術は、今の時代、改めてその利用価値が向上しています。SDGs によりエネルギー効率が改めて注目されています。そして、クラウド時代、簡単にクラウド化できるシンプルなシステム設計がより重要になる中、改めて IBM i という OS の価値に気づかされることも少なくありません。

［第七章］

　「デジタル人材の需要増、シニア化、人口減少」というテーマです。基幹システムの課題は、多くの場合、その企業の人材問題と直結しています。自社の独自基幹システムを維持する上で大切なのは、やはり人材です。とりわけ、IBM i 特有の特殊スキルをいかにしてなくすかが、最大の課題と言えるでしょう。AI・API・クラウドという 3 つのテクノロジーは、この人材問題解決の糸口になります。これらのテクノロジーがどのように人材問題に対処するのか、これまでご紹介してきた内容を整理しながら人材という観点から考察を進めていきます。

　2020 年代以降、AI・API・クラウドによる IBM i の活用法は次の時代へと突入しました。本書ではそうした IBM i の世界をご紹介しながら、IBM i ユーザー企業が次世代のデジタル戦略を考える際の参考になるようなコンテンツの提供を目指しています。ぜひ、IBM i の世界にひたりながら本書を楽しんでください。

目 次

目次

目 次

序章

IBM i のユーザー企業の現状と未来

IBM i が常に " 正解 " とは限らない

みなさんは、「IBM i」をご存じでしょうか?

IBM i は、IBM が提供している企業向け OS で、多くの企業の基幹システムとして利用されています。「AS/400」という名称の方が馴染み深いというユーザーも多いかもしれませんが、本書では現在の名称である「IBM i」を使用します。

IBM i は、世界中で 15 万社を超える企業が利用しており、そのうち 2 万社以上が日本企業とされています。しかし、Windows のように一般社員が直接管理することが少ないため、知る人ぞ知る OS であり、残念ながらその価値は広く認知されているとは言えません。

たとえ認知されていたとしても、OS 標準の黒い画面での使用が多いこと、システムがブラックボックス化されていること、そしてクラウドサービスとの連携が難しいという誤解から、「昭和のシステム」というイメージを持たれがちです。しかし一方では、IBM i を活用する企業からは「IBM i は最高のテクノロジーだ!」との声も聞かれます。

私たちは 10 年以上 IBM i に関わってきましたが、**全ての企業にとって IBM i が最適な選択肢だとは考えていません。**IBM i を使いこなすためには、それなりの体制が必要だからです。

では、「IBM i が向いていない」、もしくは「わざわざ IBM i を利用

しなくてよい」とは、どのような企業を指すのでしょうか?

　それは、システムで差別化しなくてもよい、つまりカスタムメイドのシステムを必要としない企業です。

　一口に基幹システムと言っても、必要な機能は企業や業界によって異なります。商社であれば販売管理や在庫管理が重要ですし、製造業であれば販売管理のみならず、生産管理も重視されます。とはいえ、全てのシステムをカスタムメイドする必要はありません。具体的には、業界特有の取引慣習がなければ、一般的な SaaS でも適合する場合もあり、カスタムメイドは不要です。その反面、独自の工程で製造している場合は特別な販売管理の機能が必要となり、カスタムメイドしたシステムが適していると言えるでしょう。

　結局のところ、IBM i を利用する価値があるかどうかは、**自社の競争優位性をどれだけ高めたいかによって決まります。**

経営と現場が同じ方向を向くことで生まれるシナジー

　情報システム担当者から、「IBM i の良さを経営層に伝えるのが大変で……」という声をよく耳にします。企業によっては、経営者と情報システム担当者が同じ方向を向いていないこともあるからです。

　ただ１つ確かなことは、**経営層が「IBM i はカスタムメイドの仕組**

みを維持するためのプラットフォームとして価値がある」という考えを持っているかどうかが、情報システム部門の前向きさや働きやすさに大きく影響しているということです。

　実際、IBM i にはその価値を理解し、支持してくれる多くのファンがいます。その理由は、技術視点とビジネス視点の2つが挙げられます。技術視点では、極めて独創的なテクノロジーにより、35年たっても全く色あせない設計思想があります。一方でビジネス視点では、自社独自のカスタムメイドのシステムを動かすプラットフォームとして IBM i は非常に優秀であり、競合他社と比較した際に、その企業の個性や強みを引き出すことが可能です。

　ここで重要なのは、**経営者が IBM i の利用を決定し、そのために必要な投資を行う覚悟を持つかどうか**です。これは、「自社のどの部分を他社と差別化していくか?」という企業にとって一番根本的な部分に向き合うことと言えるのではないでしょうか。

　差別化を図るためには、努力が必要です。しかし、テクノロジーの進化により、その努力は以前と比べて大幅に軽減されています。IBM i はその典型です。AI・API・クラウドなど、テクノロジーの進化による恩恵をうまく取り込みながら、自社に合ったデジタル戦略を検討し、経営層と情報システム担当者が「一体となって」未来に進んでいくことを、私たちはお手伝いしたいと考えています。これまでに多くの企業を支

援してきましたが、経営と情報システム担当者が同じ方向を向いている企業は、たとえ困難なことがあっても、日々さまざまなチャレンジをして前向きに取り組んでいくことが多いと実感しています。

　極論、**IBM i を利用するかは二の次。大切なのは、そこで働く方々がポジティブな環境で働けているかどうか**です。だからこそ、経営と情報システムの担当者が同じ方向に向かって進むお手伝いができないかと考えたのが、この本を書こうと思ったきっかけでもありました。

そもそも IBM i とは？　どんな企業が利用している？

　IBM i は、IBM が企業向けに開発した OS であり、「AS/400」という名称で 1988 年に販売が開始されました。日本でも「社長の決断」というテレビ CM が放映され、その先進性が広く注目を集めました。35 年以上の歴史を持つこのテクノロジーは、AS/400、iSeries、System i という名称を経て、2008 年から IBM i と呼ばれています（図表 P-1 参照）。

図表 P-1：IBM i における名称の変遷

1988年	2000年	2006年	2008年
AS/400 ➡	**iSeries** ➡	**System i** ➡	**IBM i**

　先にも述べたとおり、IBM i は日本で 2 万社以上に利用されており、

これらの企業は製造業や流通業、金融業など多岐にわたり、企業規模も上場企業から中堅企業までさまざまです。主な利用領域としては、企業の中核をなす販売管理や生産管理が挙げられます。

さらに、IBM i の利用は日本だけにとどまりません。IBM の本社が置かれているアメリカをはじめ、イギリスやイタリアなど、世界各国で広く利用されています。近年では新興国でも金融業を中心に IBM i を採用する企業が増えてきました。

では、IBM i とは具体的にどのようなものなのでしょうか。

IBM i は他の OS と比べて**圧倒的に機能が豊富であり、ビジネス向けの OS として必要な機能をオールインワンで提供している**のが特長です。これは、IBM i が企業向けに特化した設計思想を一貫して持っているためです。詳細は後述しますが、Apple 社の iOS もまた、創業者である故スティーブ・ジョブス氏の強い意志のもとで開発され、一貫した設計思想を持っています。この点で IBM i と iOS には共通点があります。

IBM i の2つの強み。なぜ IBM i を選び続けるのか

ビジネスのための OS という設計思想のもと、IBM i はどのような機能を提供しているのでしょうか。下記のとおり、まずは代表的な機能を2つ紹介します。

序章

① 極めて安定した高速なデータベース

② 一度作ったプログラムが動き続ける

これらの機能は、セキュリティや安定性、信頼性といった特性を補完し、IBM i を壊れにくいシステムにしています。Windows や Linux など、他の OS も似たような機能を備えているかのように思えますが、実は IBM i 独自のものです。

具体的には、OS の標準機能としてデータベースを組み込むことで、「極めて安定した高速なデータベース」を提供することができます。これを可能にしたのは、IBM の長年にわたる基幹システム支援の経験とテクノロジーの結集であり、**他社の OS では実現できないレベルに達しています。**

①の「極めて安定した高速なデータベース」についてさらに理解を深めるために、IBM i から他のプラットフォームに移行を検討した企業が、なぜ移行に失敗したのか、または途中で断念したのかを調査しました。

その結果、**失敗や断念の要因は「パフォーマンス」であり、特に大企業においてその傾向が顕著**だということがわかりました。データベースのレコード数が多い企業ほど、IBM i でしか処理できないのです。

例えば、日本で有名なスーパーマーケットチェーンの 1 つは、「現在のレコード数を処理できるプラットフォームは IBM i しかない」という

判断に至っています。また、全国の顧客にローンを提供している企業では、「営業終了後に金利計算を行っており、その夜間処理が IBM i でなければ終わらない」のが現状です。

　もちろん、アプリケーションの計算ロジックによっては、IBM i のような高パフォーマンスを必要としない方法も存在するでしょう。とはいえ、過去に IBM i の高パフォーマンスを前提としたアプリケーションを開発し、そのプログラムが現在も重要な部分で動いている企業では、そう簡単に別のプラットフォームに移行することはできません。

　他方で、IT 業界では、パフォーマンスや安定性を謳った新しい製品が続々と登場するため、35 年以上の歴史を持つ IBM i は、それらに比べて古いという印象を持たれがちです。しかし、そんなことはありません。最先端とされているデータベース・テクノロジーでさえ、IBM i のパフォーマンスや安定性には適わないと多くの声が上がりました。常に時代に即したアップデートを続けているのです。

　冒頭の話に戻ります。②の「一度作ったプログラムが動き続ける」ことも IBM i ならではの機能です。IBM i を利用している企業では、35 年以上前に作ったプログラムが今も動いていることは珍しくありません。これは他のプラットフォームでは考えられないことです。例えば Windows95 で動いていたプログラムが、今もサポートされて動いていることはまずないでしょう。それらを稼働させるためには、アプリケーショ

ンのバージョンアップ対応が定期的に発生することになります。しかしながら、同じ機能のプログラムを動かし続けるために、バージョンアップ作業のための稼働検証や非互換部分の修正を行うというのは非生産的です。IBM i を利用すると、こうした業務改善に直結しない仕事からも解放されることになるのです。

IBM i ユーザー企業の二極化とその背景

　AI・API・クラウドといった新しいテクノロジーは、IBM i ユーザーにとって大きな武器となります。しかし、そのメリットを享受できている企業は決して多くありません。中には、IBM i を使い続けることに難しさを感じ、その活用を躊躇している企業も数多く見受けられます。

　こうした状況から、デジタル戦略を進める企業とそうではない企業の間で二極化が進んでいます（図表 P-2 参照）。この傾向は多くの分野で見られますが、IBM i を利用する企業では特に顕著です。

図表 P-2：IBM i ユーザー企業の二極化

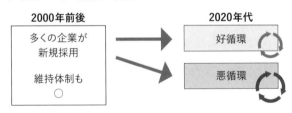

　なぜ、このような二極化が起こるのでしょうか。

　その理由は、IBM i ユーザー企業にとって中途半端なデジタル戦略は実施しにくいからです。IBM i は自社のシステムを開発・運用するのに適しています。それゆえ、同業他社とのサービスの差別化につながりますが、そのシステムを維持するためには人材体制を整えなければなりません。

　結果として、**デジタル戦略が進んでいる企業では人とシステムの間で好循環が生まれる一方で、人材不足やブラックボックス化したシステムを抱える企業では悪循環が起こります。**

　好循環を維持するためには、「当社は IBM i を使い続ける」という経営レベルでの判断が必要です。特に重要なのは情報システムを担当する役員のリーダーシップで、IBM i を有効活用している企業では、情報システムの責任者がイニシアチブを握っています。こういった方々から話を伺うと、社外取締役や他のユーザー部門から、「IBM i を利用し続けていいのか?」という疑問が必ずと言っていいほど出てくるそうです。その際は、「自社のビジネスの特性と IBM i の適合性を役員会などで説明する」というのが通例で、それによってデジタル戦略を推進していくことが適切な社内理解へとつながっているようです。

　さらに、経営レベルでの共通認識の醸成がシステムと人の好循環を維持する上で重要であることも、みなさん口をそろえておっしゃいます。

これらの要素が相互作用することで、IBM i ユーザー企業の二極化が進行していると言えるでしょう。

AI・API・クラウドが IBM i を使いやすくする

前節で述べたように、IBM i ユーザー企業は好循環を維持できている企業とそうでない企業に二極化しています。好循環にせよ悪循環にせよ、いったん回り始めたサイクルは加速しやすく、そこから抜け出すことは難しいと言わざるを得ません。しかし、AI・API・クラウドなどのテクノロジーを活用することで、好循環に転換するためのチャンスが訪れます。

これらのテクノロジーが有用な理由は、業務の属人化を防ぐ状況を作り出すからです。つまり、IBM i を利用するための特殊な知識を習得する必要がなくなり、全てを知っているスーパーマン的な人材への依存度も低くなるということです（図表 P-3 参照）。さらに、IBM i の利用が容易になれば、カスタムメイドの基幹システムも導入しやすくなっていくでしょう。

図表 P-3：IBM i を使いこなす大変さ

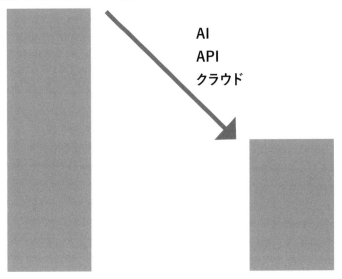

それでは、AI・API・クラウドの3つのテクノロジーが、IBM i の利用を容易にし、企業の業務改善にどのように貢献するのかを見ていきましょう。

AI

AI は大きく2つの領域で活用されています。1つ目は、IBM i と AI を連携させる使い方で、例えば自社製品の配送センター別の在庫引当数を AI が最適化してくれます。

2つ目は、IBM i のプログラミング支援です。2022年にリリースさ

れ話題となった ChatGPT は、IBM i で利用される RPG や COBOL についても支援してくれます。これにより、プログラム言語の学習がしやすくなり、何よりも生産性が大幅に向上します。

API ※コラム：API とは（P70 参照）

　API は、IBM i と周辺テクノロジーの連携を容易にし、IBM i に責任を持つ人と連携先のテクノロジーに責任を持つ人を明確に分けることができます。もともと連携する技術自体は存在していましたが、誰でも使える技術ではありませんでした。なぜなら、IBM i と周辺テクノロジーの両方に精通していなければ、リアルタイムに連携する仕組みを構築するのが難しかったからです。その結果、IBM i と連携先のテクノロジー双方を熟知している非常にレアな技術者、つまり、スーパーマン技術者への依存が常態化してしまったと言えます。

クラウド

　クラウドは、これまでインフラ管理に必要としていたワークを大幅に簡素化しました。そもそもインフラ運用管理は、できるだけ気にしない方が良いとされています。なぜなら、真に集中すべきことは、システムの機能が拡張されて少しでも業務改善につながることだからです。

　例えば、IBM Cloud では、2019 年に Power Virtual Server（以下、

PVS）というサービスで IBM i が利用できるようになりました。これにより、いつでも好きなときに IBM i の環境が作れるような時代が到来し、自社内のサーバー設置も、データセンターの管理も不要になりました。こうしたインフラを管理するスキル自体が一昔前は必須でしたが、今ではそれが不要になってきたことで、IBM i ユーザーが自社内で担うべきスキルが大幅に減少しています。

新たに IBM i を採用する企業

ここまでは、長年にわたり IBM i を利用してきた企業に焦点を当ててきました。一方で、近年では新たに IBM i を導入する企業も増えています。その理由は、主に以下の 3 つのパターンによるものです。

1 つ目のパターンは、日本の汎用機ベンダーの撤退が引き金となり、IBM i に移行する企業が増えていることです。これらの企業の特徴として、COBOL というプログラム言語で書かれたアプリケーションが稼働している点が挙げられます。そのアプリケーションをそのまま稼働できる OS として、IBM i は適切な選択肢となっています。この結果、IBM i への移行を支援するベンダーが不足するほど、移行件数が急増する状況が見られるようになりました。

2 つ目のパターンは、特定の業界向けパッケージを IBM i で採用す

る企業の増加です。証券業界、保険業界、建材卸業、小売業向けなど、競争力の高い業界特化型の業務アプリケーションがIBM iで提供されています。このパターンでは、プラットフォームというよりも業界特化型のアプリケーションが選択され、その結果としてIBM iが採用されることがよくあります。

そして3つ目のパターンは、カスタムメイドの自社アプリケーションのデータベース部分などで、IBM iを新たに採用するケースです。その卓越したパフォーマンスと信頼性を評価し、導入を決めた企業もあります。

IBM iを新たに採用する企業が多かった1990年代に比べると数こそ少なくなりましたが、現在でも採用は続いています。特に、立命館大学での新規採用事例は、非常に注目されました。今後も、自社の競争優位性を築くためにカスタムメイドのアプリケーションを構築したいと考える企業は、IBM iを採用していくことでしょう。

コラム：ChatGPT × IBM i

　本書では、IBM i の利用法をアップデートしていく上で、AI を重要なキーワードとして位置づけています。そこで、生成 AI の ChatGPT と IBM i を組み合わせた近未来的な活用例をご紹介します。

　図表 C-1 のように、ChatGPT の MyGPT という独自の GPT を作成する機能を利用し、自社の IBM i のデータを参照して回答を出力するように設定します。IBM i には API 経由でアクセスする必要があります。本デモでは、API 化ツール API-Bridge を利用して、IBM i のデータを API で取得できるようにしています。

図表 C-1：ChatGPT と IBM i の関係性

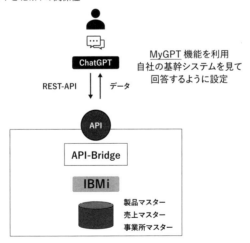

まずは、比較的簡単な例から始めてみましょう。

1. 国別にいくつずつ事業所があるか教えてください

基幹システムの中に図表 C-2 のような事業所マスターがあるとします。

図表 C-2：事業所マスター

事業所 ID	事業所名
1	東京オフィス
2	京都オフィス
3	シンガポールオフィス
4	ニューヨークオフィス
5	ロンドンオフィス

現実の事業所マスターには、どこの国かという情報も入っていると思いますが、今回はシンプルな例として説明します。

では、「国別に事業所を整理し、いくつずつ事業所があるか教えてください」と ChatGPT に聞いてみましょう。

すると、図表 C-3 のような回答を返してくれました。

図表 C-3：ChatGPT の使い方①

> **👤 あなた**
> 国別に事業所を整理し、いくつずつ事業所があるか教えてください。
>
> **◎ セールス・アシスタント（生成 AI）**
> 事業所の国別の整理は以下の通りです：
> ・日本：2 事業所（東京オフィス、京都オフィス）
> ・シンガポール：1 事業所（シンガポールオフィス）
> ・イギリス：1 事業所（ロンドンオフィス）
> ・アメリカ合衆国：1 事業所（ニューヨークオフィス）

　このように、データベースにない情報も補完して回答してくれますので、データベースの構造に詳しくない人でも簡単に使用することができます。

2. 売れ筋製品の広告用バナーを生成してください

　次の例です。ChatGPT は、業務で必要となる広告用の画像も生成することができます。では、広告用のバナーを作成してもらいましょう。

　まず前提として、IBM i の中には製品マスターと売上マスターの 2 つがあるとします。「最も売れ筋商品のバナーを生成してください。300 × 250 のサイズで作成してください。画像の中に文字を含める必要はありません」と指示を出すと、図表 C-4 のような回答をくれました。

図表 C-4：ChatGPT の使い方②

👤 **あなた**
最も売れ筋商品のバナーを生成してください。300×250 のサイズで作成してください。
画像の中に文字を含める必要はありません。

◉ **セールス・アシスタント（生成 AI）**
データベースから取得した商品情報に基づいて、売上が最も高い商品は「Closet chest E-50 W」です。
この商品に関するバナーを生成します。バナーは 300×250 ピクセルサイズで明るく清潔感のあるデザインを心がけます。

生成を開始します。

バナーの生成が完了しました。以下の画像をご覧ください。この画像は「Closet chest E-50 W」を宣伝するためのもので、モダンで明るいデザインが特徴です。

　このデータベースには商品の詳細は一切入っていません。そのため、予測に基づいて画像が生成されています。もしデータベース内に製品の詳細情報や画像などがあれば、より本来の製品に近い画像が生成されるでしょう。

　ChatGPT は API を介してデータを取得することに慣れています。したがって、IBM i のデータを API で取得できるようになると、さまざまな可能性が広がります。例えば、IBM i を学習する際に伴走してくれる教師としての活用が可能です（図表 C-5）。さらに、自社のプログラムを読み込ませれば、プログラムの改修や自社向けのカリキュラムも高い精度で生成してくれます。

図表 C-5：ChatGPT の使い方③

IBM i の RPG について、学習をしたいです。サンプルコードを提供してもらい、その説明をしてもらいながら、学習をできるように、アドバイスをください。

ChatGPT

IBM i の RPG（Report Program Generator）について学習することは、特に伝統的なビジネス環境でのアプリケーション開発において役立つスキルです。
RPG は、IBM ミッドレンジシステム向けに設計されたプログラミング言語で、多くのビジネスが依然としてこの言語を使用しています。

学習リソース

1. オフィシャルドキュメントとマニュアル： IBM の公式サイトにある RPG のマニュアルやリファレンスガイドを利用する。これらは最も正確で信頼性の高い情報源です。
2. オンラインコースとチュートリアル： Udemy や Coursera などのプラットホームで RPG や IBM i に関するコースを探す。
これらは基本から応用まで幅広くカバーしています。
3. フォーラムとコミュニティ： IBM i、AS400、RPG に特化したフォーラムやコミュニティに参加する。例えば、'RPGPGM.COM' は
RPG に関する豊富なリソースを提供しています。

サンプルコードの説明

ここには、RPG 言語で記述された基本的な "Hello World" プログラムを示します。このプログラムは、画面に "Hello World" と表示するだけの簡単なものです。

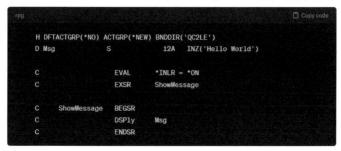

```rpg
 H DFTACTGRP(*NO) ACTGRP(*NEW) BNDDIR('QC2LE')
 D Msg             S             12A   INZ('Hello World')

 C                 EVAL          *INLR = *ON
 C                 EXSR          ShowMessage

 C     ShowMessage BEGSR
 C                 DSPly         Msg
 C                 ENDSR
```

コードの説明：

- **'H' 行：** この行はコンパイラ指示を含むヘッダー行です。'DFTACTGRP(*NO)' と '(*NEW)' は、新しいアクティベーショングループでプログラムを
  実行することを指定しています。
- **'D' 行：** これはデータ定義行です。'Msg' という 12 文字の変数を宣言し、初期値として 'Hello World' を設定しています。
- **'C' 行：** 計算仕様を示しており、プログラムのロジックを記述します。'*INLR=*NO' はプログラムの終了時にすべての

学習アドバイス

- **実際にコードを書く：** 学んだことを実際に試して見ることが重要です。エミュレーターや実際の IBM i システムで実際にコードをテストしてみてください。
- **エラーから学ぶ：** コーディング中に遭遇するであろうエラーや問題を解決するプロセスから多くを学べます。
- **段階的に学ぶ：** 基本から始めて徐々により複雑なトピックに進んでください。基本的なファイル操作、データベースアクセス、
  モジュラー設計など、一歩ずつ前に進みましょう。

　このように、生成 AI の進化に伴い、ChatGPT の利用範囲が広がっています。しかし、生成 AI には多くの課題があります。正確性が保証されているかどうかが不透明であることもその 1 つです。そのため正確性が極めて重要な業務では、整合性を確認するなど、さらなる工夫が必要です。

　今回は ChatGPT を使用しましたが、Microsoft の Copilot や IBM の watsonx など、他の生成 AI でも同様の活用ができるでしょう。特に基幹業務との連携においては、セキュリティやデータの取り扱いが重要な要件となります。このことからも、どの生成 AI を利用するのかを検討し、最適なものを選択することが求められています。

第一章

IBM i とは何か? AS/400 から受け継ぐ
唯一無二のビジネス専用のアーキテクチャー

Chapter

1

IBM i は OS ではない !?

　突然ですが、「IBM i とは何か?」という問いに、みなさんはどう答えますか。

　一般的な回答は、「IBM が提供する OS」です。これは間違っていませんし、IBM も IBM i を OS として位置づけています。

　しかし、OS というカテゴリで IBM i を理解しようとすると、その真の性質を把握するのが難しくなります。なぜなら、**OS という範疇で IBM i を考えることは、誤解を生む可能性があるからです。**

　OS と言えば、Windows や macOS、Linux といった製品がすぐに思い浮かぶでしょう。OS は基本ソフトウェアとも言われ、ユーザーが使用するアプリケーションのためにハードウェアとの仲介を担う機能や、コンピューターと対話するためのユーザーインターフェースを持つソフトウェアです。

　IBM i ももちろん、この OS の機能を持っています。IBM Power という IBM が開発している専用ハードウェア上で稼働する OS の 1 つであり、データベースやアプリケーション開発、実行機能、運用管理、セキュリティ管理、バックアップといった IT システム環境を構成するほとんどの機能が IBM i OS というパッケージに含まれています。つまり、**IBM i の守備範囲は一般的な OS よりも遥かに広いのです。**

その一方で、今の時代の IT システムは、ハードウェア、OS、ミドルウェア、アプリケーションの階層構造から成り立っています。IBM i も、その他のアーキテクチャーも変わりはありません。

IBM i は OS にカテゴライズされてはいるものの、IBM i を OS として捉えた瞬間に、アーキテクチャーがユニーク過ぎるがゆえに IBM i を正しく理解することが困難になります。どんな技術や製品でも、説明するためには何かのカテゴリに当てはめたり、区別したりすることが必要です。これは人間の性でしょう。

つまるところ、IT の世界で唯一無二の存在である **IBM i をカテゴリ分けするとしたらソフトウェアであり、その主要な機能で分類すると OS が最も近い**と言えます。しかしながら、それだけでは IBM i を説明する上では不十分です。

IT の常識から逸脱した
ビジネス用途特化型アーキテクチャー

IBM i を理解するための手がかりは、一般的な IT システムである Windows や Linux など、いわゆる分散系との違いを知ることです。

「一般的」という表現をあえて使いましたが、IT の世界では分散系が一般的であり、IT インフラの常識とも言えます。分散系システムでは、

機能ごとにサーバーやノードを分け、多数のコンピューターを連携させて1つの業務システムを構成します。

　例えば、データベースはデータベース専用サーバー、Webアプリケーションは Webアプリケーション専用サーバーなど、機能ごとにサーバーを分け、複数のサーバーが連携し合うことで1つのITシステムを構成しています。クラウドで仮想化している場合でも、サーバーという単位はオンプレミスと同様に機能ごとに分けて構成するのが、ある意味でITインフラの常識です。しかしながら、IBM iは1つのサーバーだけでこれらの機能を内包し、業務システムとして稼働させることができます。

　ここで、少し歴史をさかのぼってみましょう。IBM iは1988年にAS/400として誕生したアーキテクチャーを受け継ぎ、35年以上にわたってIBMによる戦略的な開発と機能拡張が行われました。そのため、IBM iを理解するためには、その起源であるAS/400を知ることが不可欠です。

　1988年に誕生したAS/400のことを今さら知っても価値がないと思われるかもしれませんし、そんな昔に作られた仕組みが今も使われていることに疑問を抱く人もいるでしょう。しかしながら、これらの知識は今日でもIBM iの真価を理解するための鍵になると言っても過言ではありません。

IBM iは、IBMがビジネスユースを目的に一から開発した唯一無

二のアーキテクチャーです。ミネソタ州・ロチェスターという辺境の地で開発されたことが、その独自性を生み出したと言われてきました。そして、世界中の名だたる企業のビジネスの根幹を支えるプラットフォームとして今もなお利用され続けています。さらに言えば、35 年も使い続けることができるのは IBM i だからであり、x86 系プラットフォームでは実現不可能です。

　IT 業界の常識＝ x86 系の視点では、IT システムは 5 年から長くても 10 年程度でサーバー更改、OS バージョンアップ、それに伴うアプリケーションの改修や業務パッケージの刷新が必要とされています。そのため、情報システム部門は常にシステム更改のプロジェクトに追われているように見受けられます。

　IT というのは、つきつめるとマシン（機械）の 1 つに過ぎません。マシンは人間が楽をするために、人間の代わりをしてくれる仕組みとも言えます。たしかに、コンピューターは人間には不可能な計算や地理的制約を超えたコミュニケーションを実現するなど、計り知れない価値を生み出してきました。しかし、現代の IT システム、とりわけ基幹業務を担う IT システムは、更改や運用に多大な労力とコストがかかりすぎていると言わざるを得ません。IBM i を知った上で多様な IT システムや情報システムの担当者と接すると、**IBM i を選ぶことで IT システムに振り回されず、戦略的に IT を活用することが可能**であることが

実感できるでしょう。

1988年に完成し、今も色あせないAS/400の独創性

　IBM i の前身となる AS/400 の優れた点は、ビジネスに特化し、ビジネスユーザー視点での IT システムとして開発・設計されたことでした。この AS/400 の基本的なアーキテクチャーは、IBM i にそのまま受け継がれています。

　つまり、**IBM i に通じる先進的かつ独創的な仕組みや機能は、1988 年当時にすでに完成していたことになります。**IBM i や AS/400 について語り始めると、紙面がいくらあっても足りません。ここでは、AS/400 から受け継がれている独創的で唯一無二なアーキテクチャーが生み出す特徴のうち、知っておくべきポイントを 3 つ挙げます。それは以下のとおりです。

① ビジネスに必要な IT 機能のオールインワン思想
② ダウンしない圧倒的な安定性とハイパフォーマンス
③ IT 資産保護

　これら 3 つのポイントを認識することは、IBM i を正しく理解し、そ

の価値を最大限に活用するために重要です。それぞれのポイントについて、詳しく解説していきます。

IBM i の特徴① ── ビジネスに必要な IT 機能のオールインワン思想

IBM i の特徴として挙げられるのが、「オールインワン」の思想です。これはビジネスに必要な IT の機能を 1 つのパッケージとして提供するという考え方で、AS/400 から引き継がれました。

AS/400 が誕生した時代と現在の社会環境は大きく変わっていますが、「ビジネスに必要な機能をオールインワンで提供する」という基本思想は変わっていません。そのためにも IBM i は常に時代に求められる機能を拡張し続けてきたのです。この基本思想は、IBM i の名称にも反映されています。IBM i の「i」は「統合」を意味する「Integration」の頭文字です。「オールインワンに統合する」という考え方は、AS/400 から継承したアイデンティティーであり、今では IBM i という名称でその片鱗を感じることができます。

IBM i がオールインワン思想を採用している理由は、**OS が基本的なソフトウェアであり、ハードウェアを管理・利用するための機能やインターフェースを汎用的に提供することを目的としている**からです。つまり、

IBM i はビジネス用途特化型 OS であり、その思想からゲームや複雑で科学的なシミュレーションでの利用はそもそも想定されていません。一方で、基幹システムに求められることは、顧客、商品などさまざまなマスターを管理し、受発注や生産が行われた際に関係するデータベースを更新していくことです。そのため、データベースの機能が極めて重要です。ビジネスの要となるデータベース（Db2 for i）を OS の機能として内包し、IBM i 専用のプログラミング言語を実装しています。

さらに、OS 自体がデータベースで管理されており、OS をインストールすると、OS に登録したユーザーを使って SQL アクセスも可能になります。これは、通常の IT システムとは異なり、OS をインストールするだけでビジネス用途のサーバー環境が整うという利点があります。すなわち、**IBM i は OS ＝データベース**となっているわけです。

データベースに限らず、Web サーバーや運用監視、バックアップなどの機能も OS に組み込まれています。一般的な IT 環境構築では、機能ごとにベンダー選定から始め、製品を選定し、作業を各ベンダーに依頼します。しかし、IBM i はそれらを 1 つのパッケージとして提供しているため、時間と労力、そしてコストを大幅に削減することができるのです。

また、Linux や Windows の OS を使っているサーバー環境は多種多様です。例えば、ビジネス向けのアプリケーションを動かすサーバー

や、エンターテイメント向けのアプリケーションを動かすサーバーがあります。さらには、スーパーコンピューターや学術計算向けサーバーも多くは Linux で稼働しており、私たちが容易に入手できる Linux と基本は同じものです。そのうえ、エンドユーザーが利用するクライアント PC の OS としても利用されています。これらの事例から見て取れるように、x86 サーバーのようなハードウェアは、その用途を限定せず、幅広いユーザーに利用してもらうためのビジネス戦略のもとに製品が提供されています。

IBM i の特徴② —— ダウンしない圧倒的な安定性とハイパフォーマンス

IT 業界における「圧倒的な安定性」とは、IT システムとしてダウンしないことを指します。**IBM i は他の OS と同様にノイマン型コンピューターでありながら、その安定性は他を圧倒します。**その理由は、IBM がハードウェアからアプリケーションまで一貫して設計・開発していることに由来します。それゆえ、システムの障害が業務を停止させることはありません。

この「圧倒的な安定性」がもたらす効果は大きく下記の 4 つに分類されます。

⑴ 相性問題の軽減

⑵ シンプルなシステム構成

⑶ 運用人員の最小化

⑷ パフォーマンスチューニングの自動化

⑴ 相性問題の軽減

　一般的に、複数のベンダー製品を組み合わせる場合、それぞれの製品の条件や要件を確認し、バージョンやパッチレベルなどにも注意を払うことが求められます。特に、ハードウェア、OS、ミドルウェアと下層から仕様が決まっていくと、上層の製品の制約条件に合わず、正常な動作が保証されないこともあります。

　この現象は「相性」と呼ばれ、コンシューマー向けの製品だけでなく、ビジネス向けの製品であっても避けられない問題です。しかし、IBM i はオールインワンであり、設計から開発まで IBM が一貫して行っているため、相性問題はほとんど生じません。もし相性問題が発生した場合でも、IBM に問い合わせて調査をリクエストし、原因が特定されれば IBM からパッチが提供される仕組みとなっています。

　一方、x86 系の場合は、それぞれのベンダーに問い合わせてユーザーがベンダー間の調整を行う必要があります。原因となる主たる製品を特定できれば、そのベンダーが問題点を修正してくれるかもしれま

せんが、特定できなければ、たらい回しにされて苦い思いをする方も多いのではないでしょうか。問い合わせ窓口が 1 つであることは、ビジネスの要となる IT システムにとって大事なポイントとなるのです。

⑵ シンプルなシステム構成

　企業の基幹システムである IBM i は、その抜群の安定性から、HA 機（障害対策機）を持たずに本番機のみで運用している企業が多い傾向にあります。中には、HA 機や DR 機（災害対策機）を持って運用しているにもかかわらず、一度も切り替える必要性がなかったことから、本番機だけの運用に変更を検討している企業もいるほどです。

⑶ 運用人員の最小化

　データベースの設計や運用は複雑であり、その専門性からデータベースエンジニアという職種が存在するほどです。そのため、一般的な x86 の世界では、データベースを扱うためには専門人材が必要とされています。

　一方、IBM i の場合は、そのような専門家は必要ありません。データベースの導入と設定は OS をインストールするだけで完了し、データベースのパフォーマンスチューニングも OS が自動的に行うからです。**つまり、IBM i を選ぶことは、データベースの専門家、特に高度なチュー**

ニングスキルを持つ専門家を雇うことと同じなのです。

さらに、データベース内の業務データ管理は、シンプルで使いやすく設計されています。業務データを読み書きしプログラムをコーディングするのも、IBM i のデータベース操作に特化した専用言語であるRPG を使うことで、学習コストを非常に低く抑えられます。SQL にも対応しているため、SQL が得意な開発者は他のデータベース製品と同じようにアクセスできるのも特徴です。

結果として、IBM i を利用している企業では、情報システム担当者や業務担当者が IBM i の運用管理を担当するケースが一般的です。これは IBM i が安定しているからこそ、専任の担当者が常駐して運用管理する必要性がないことを証明しています。

⑷ パフォーマンスチューニングの自動化

ハードウェアからアプリケーションまで、パフォーマンスチューニングも OS が自動的に最適化してくれます。その中でも、IBM i のパフォーマンスに大きな影響を与えているのが SLS（Single Level Storage）です。これは、物理ストレージの数にかかわらず全てのストレージを束ね、ユーザーレベルでは単一のストレージ・プールとして扱う仕組みです（図表 1-1 参照）。

図表 1-1：パフォーマンスチューニングの自動化

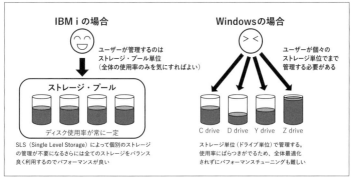

この機能によって、物理ストレージの数にかかわらず、全てのストレージの使用率が常に一定となります。OS がデータブロックの配置を自動的に最適化し、全てのストレージをバランスよく利用することで、システムのパフォーマンスが向上します。

つまり、物理的に存在する全てのストレージ（ドライブ）を仮想プール化し、IBM i が適切に管理してくれるわけです。人間が行うことと言えば、ストレージ使用率の管理（ストレージ単体ではなく全体の使用率）と、パフォーマンスをさらに向上させるためにストレージを増やしてプールに参加させる作業だけです。それだけではありません。よく使われるデータやアプリケーションは、IBM i が自動的にメインメモリー上に保持して、データアクセスの際のパフォーマンスを大幅に向上させています。この SLS は 1988 年に発売された AS/400 が起源となる機能で、

当時から仮想化の仕組みを実装し、今もなおハイパフォーマンスを実現しているのは驚くべきことです。

　一方、Windows の場合、システム領域は C ドライブ、データは D ドライブに配置し、容量が不足してきたらドライブを追加して E ドライブを増やすなど、ドライブ単位（物理ストレージ単位）での管理が必要となります。

　このように、「圧倒的な安定性」がもたらす効果は、他の OS ではあまり見られない、IBM i ならではの特徴です。IT システムが停止したり、パフォーマンス問題が発生したりすると、機会損失や信頼失墜につながりますが、IBM i では、他のプラットフォームに比べて、システムが意図せず停止してしまうことへの心配が不要になります。

IBM i の特徴③ ──IT 資産保護

　「IT 資産の保護」は、企業活動において極めて重要な要素であり、データベースや業務アプリケーションを長期にわたって利用し続けることを意味します。IBM i も他の IT システム同様に仮想化されていますが、その基板となるのは IBM Power という物理サーバーです。

　物理サーバーで動作している以上、ハードウェアの老朽化対応、つまり定期的な物理サーバーの更改は避けられません。しかし、IBM i

は高度に仮想化されており、新しいハードウェアで稼働させても、そ
れによって動かなくなるといったことが基本的にはありません。1988
年の発売以来、変わらずに利用されてきたデータベースやアプリケー
ションを改修することなく、最新の IBM Power サーバーに移植して稼
働させることができます。**一度作ったプログラムを半永久的に動かせる
ということは、非常に重要な特徴です。**

　IBM i は「**資産継承性が高い**」とよく表現されますが、一般的に IT
では資産継承性が低いとされている中で、IBM i が長期間にわたり
データベースやアプリケーションを継続して利用できるという特性を指
しています。これこそが、IBM i を象徴する本質と言えるのではないで
しょうか。

　このハイレベルな資産継承性を実現しているのが、1988 年に完
成した AS/400 のコアとなるアーキテクチャー、すなわち TIMI（＝
Technology Independent Machine Interface）の存在です。P48 図
表 1-2 で示されているように、IBM i にはハードウェア層とソフトウェア
層の間に TIMI という仮想化テクノロジーが存在します。近年のテクノ
ロジーで言えば、VMware や Hyper-V といったハイパーバイザーの
仮想化機能に相当します。

図表 1-2：TIMI ＝長期間のビジネス活動を支えるキーテクノロジー

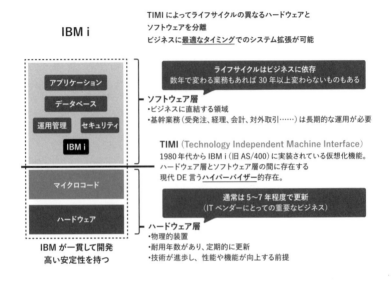

つまるところ、AS/400 は仮想化テクノロジーの塊です。TIMI は、ユーザーがプログラムを修正することなく、古いサーバーから新しいサーバーに更新した際のハードウェア的な差異を感じさせないようにする仕組みです。

IBM i は、ユーザーの手間を最小限に抑え、ビジネスに集中できるよう、さまざまな独自のテクノロジーを実装しています。これがビジネス特化型アーキテクチャーの真価です。そして、35 年以上にわたる実績

と信頼性を誇るこれらの仮想化テクノロジーは、ビジネスにおいて重要な役割を果たしているのです。

Apple と IBM i。共通する設計思想

ここまで AS/400 のアーキテクチャーの特徴を説明してきましたが、IBM i の本質を理解するのは容易ではないことがおわかりいただけたのではないでしょうか。私たち自身も IBM i の本質を理解するのには苦労しましたし、もしかしたら 35 年以上の歴史の一端しか知らない可能性も十分にあります。それほど奥深いのが IBM i の世界なのです。

そこで、IBM i を理解する上で参考になりそうな例を探してみると、Apple 社の iPhone が IBM i と近しいのではないか、という結論に至りました。IBM i は「i5/OS」と呼ばれていた時代もあり、iPhone の iOS と混同されることがありますが、ここでお伝えしたいのは、名称ではなくアーキテクチャーや思想の観点です。とはいえ、名称が似ているのも何かの縁なのではないかと思っています。

では、iPhone とは、どのようなものなのか。改めて紐解いてみましょう。私たちも iPhone ユーザーですので、ユーザー視点で以下のような特長を挙げてみました。

- ハードウェア・OS・基本アプリケーションをAppleが設計・開発
- 端末間のデータ移行が簡単
- 高度なセキュリティ
- カメラやタッチ決済機能など多様なデバイスの統合

　必ずしも正解であるとは限りませんが、これらが iPhone の特長と言えるでしょう。そして、これらのどこが IBM i と似ているのか、解説していきます。

ハードウェア・OS・基本アプリケーションを Apple が設計・開発

　iPhone と IBM i は、ベンダーがハードウェア、OS、主要アプリケーション、そして開発言語（iPhone は Swift、IBM i は RPG）を統合開発しており、この領域には他社ベンダー製品が基本的には入れないような垂直統合の形をとっています。ベンダーロックインであることは間違いありませんが、iPhone も IBM i もそれによって、高い安定性やセキュリティなど、統合開発だからこそのメリットがあります。

端末間のデータ移行が簡単

　スマートフォンには、電話帳、メール以外にも写真やアプリケーショ

ンのデータが大量に蓄積されています。そのため、データ移行の重要
性は年々高まっています。そして、Apple 社が提供する iCloud を介し
たデータ移行方式を利用すれば、データと環境の移行が非常に簡単
にできます。iPhone を長年使っているユーザーは、そのデータ移行の
容易さに必ずと言っていいほど恩恵を受けているでしょう。

　実は IBM i も標準実装の保管・復元機能を使い、iPhone 同様に
簡単に環境移行が可能です。AS/400 登場時から備わっているこの機
能を利用すれば、旧システムで保管したバックアップを新システムに
復元するだけで、データベースやアプリケーションを改修することなく
丸ごと移行できます。

　一般的に x86 系では、OS は OS、ミドルウェアはミドルウェア、ア
プリケーションはアプリケーションと個別に移行するか、もしくは改修
を必要としてきました。しかし、IBM i は iPhone のように簡単に引っ越
しができ、最新のハードウェアの能力を享受することができます。

高度なセキュリティ

　Apple 社がセキュリティを非常に重視していることは、iPhone の多く
の保護機能からも明らかです。スマートフォンに限らず、コンピューター
にとってセキュリティは常に対策が求められる重要な課題です。そのセ
キュリティを担保するための方法論として、ハードウェアからアプリケー

ションまでの統合設計が重要となります。

　IBM i もまた、統合設計された環境であり、標準で高いセキュリティ性を持つアーキテクチャーです。その理由として、オブジェクト指向アーキテクチャーを採用していることが挙げられます。これにより、ファイルやプログラムなどのオブジェクトの属性をユーザーが勝手に変更することができない仕組みが確立されています。

　OS 上のあらゆるオブジェクトを作成するには、IBM i の OS が提供する正規の API を用いなければなりません。これは、OS 内に存在する全てのオブジェクトが、必ず OS が正しい状態で管理できる仕組みが備わっていることを意味します。

　一方、Windows や Linux では拡張子で属性を管理するため、プログラムをファイルのように偽装したり、逆にファイルをプログラムのように偽装したりすることが容易にできます。そのため、その仕組みを悪用したウィルスやマルウェアによる攻撃で、ビジネスに甚大な影響を及ぼすことも多いです。IBM i では、このような偽装手法は通用しないため、セキュリティリスクが極めて低い、つまり安全性が高いと言えます。

カメラやタッチ決済機能など多様なデバイスの統合

　スマートフォン全般、特に iPhone は、時代のニーズに合わせて電

話以外の機能を充実させてきました。これは外部の仕組みを利用させるのではなく、iPhone という 1 つの端末環境で日常生活のあらゆる行為が完結する、まさにコンシューマー向けのオールインワンシステムと言えるでしょう。この点で、IBM i と似ています。

　IBM iはサーバーであり、カメラやタッチ決済のようなエンドユーザー向けマルチメディア系の機能を実装しているわけではありません。ただし、時代に合わせて、そのようなフロントエンドの機能を接続することを想定しています。そして、Web や API、オープンソース実装など IBM i 自身の機能を拡張することで、オールインワンでビジネスをサポートし続けています。

Chapter
2

第二章

AI・API・クラウド時代の基幹システム

基幹システムの進化と変遷

　第二章に入るにあたって、基幹システムの歴史を少し振り返ってみましょう。

図表 2-1：基幹システムの変遷

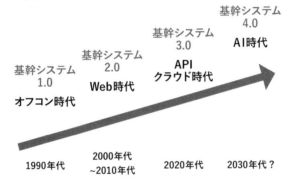

　図表 2-1 に示されるように、基幹システムは 10 〜 20 年単位で大きく 4 つの時代に分けられます。初期はインターネットやブラウザの技術が登場するまでの時代で、いわゆるオフコンとして広く利用されました。この期間を「基幹システム 1.0」と呼ぶことにします。今では当たり前となっているブラウザのインターフェースも存在せず、基本的には社内で完結する業務データの入力機器として使われていました。

　1990 年代後半からは、インターネットの時代が到来します。2000 年以降、基幹システムの領域でも Web アプリケーションが本格

的に導入されました。これが「Web 時代」です。インターネットと
Windows PC の普及に伴い、ブラウザなどでグラフィカルにシステム
を利用できる環境が整い、TCP/IP を用いた企業間のシステム連携も
可能になりました。この時代を「基幹システム 2.0」と呼びます。「基
幹システム 2.0」の時代に「基幹システム 1.0」時代の使い方から脱
することができなかった企業の中には、「IBM i（当時は AS/400）＝
古いコンピューター」という誤った認識が広まりました。

　そして、その次に到来するのが「API・クラウド時代」です。2023
年頃から本格的に世の中へと浸透していきました。これを「基幹シス
テム 3.0」と呼びます。「基幹システム 2.0」の時代との大きな違いは、
基幹システム単体で企業システムが完結しなくなり、SaaS から AWS
のような IaaS まで、さまざまなクラウドサービスとの連携を前提とした
仕組みに変わっていったことです。SaaS をはじめ、すぐに業務改善で
きるサービスが多種多様に登場し、それらをうまく組み合わせることで
DX（デジタルトランスフォーメーション）を進めていくようになりました。

　クラウドは AWS などが 2010 年代から一足早くブームを起こした印
象がありますが、基幹システムのクラウド化、特に IBM i のクラウド化
には少しタイムラグがありました。2019 年に IBM Cloud が利用可能に
なったことで、ユーザー企業の様子見期間が終わり、2023 年からは
一気にその勢いがついたと感じています。

　そして、その先には AI が本格的に浸透する時代、すなわち「AI 時代」が訪れます。これを「基幹システム 4.0」と呼びます。AI 時代は開発者のアシスタント領域で徐々に始まり、さらに基幹システムのデータを学習した業務改善に AI が直接関与する時代となります。また、さまざまな社員が AI の助けを借りて基幹システムのアップデートに関わりやすくなっていくでしょう。

　このように、インターネット・テクノロジー、クラウド・テクノロジー、AI テクノロジーなど、時代とともに遂げてきた進化を掛け合わせることで、基幹システムの利用方法も発展してきました。

近い将来、必ず訪れる基幹システム 4.0「AI 時代」

　先にも述べたとおり、現在私たちは「API・クラウド時代」と呼ばれる基幹システム 3.0 のフェーズを迎えています。そして、その次に待ち受けているのが「AI 時代」です。まずは、この AI 時代について少し掘り下げてみましょう。

　2023 年は、ChatGPT をはじめとする生成 AI が注目を集めた年でした。生成 AI があらゆる領域で活用され始め、人間が行っていることがいつか AI に置き換わる可能性を多くの人が認識したことと思います。

　とはいえ、生成 AI をまだ試したことがない方もいらっしゃるかもしれ

ません。Google 検索と同じように簡単に試すことができますので、ぜ
ひ一度、体験してみてください。ChatGPT などの生成AIを初めて使うと、
「ここまでできるのか!」と驚かれることでしょう。

　それでは AI 時代に向けて、IBM i はどのように進化を遂げているの
でしょうか。

　私たちの感覚で言うと、先進的なユーザーの多くは、IBM i のデー
タを AI に読み込ませることから始めています。現時点では、AI と基
幹システムの連携は主に 2 つの領域で具体的に進み始めている印象
です（図表 2-2 参照）。

図表 2-2：AI ×基幹システム

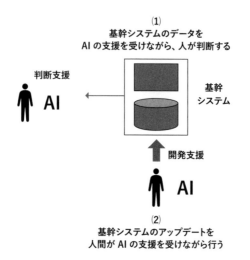

（1）
基幹システムのデータを
AI の支援を受けながら、人が判断する

判断支援

AI

基幹
システム

開発支援

AI

（2）
基幹システムのアップデートを
人間が AI の支援を受けながら行う

　1 つ目の領域は、「基幹データと AI のデータ連携」です。特に基幹システムのデータを活用した需要予測は、AI の活用例として一般的です。

　例えば、ある食品製造業の企業では、需要予測をより精緻に行なうために AI を導入しました。この企業ではスーパーなどへ食料品の出荷を行っており、各スーパーにどれだけの在庫を引き当てるかを決定するのは熟練の作業であり、多くの手間と時間がかかる仕事でした。この課題に対処するために AI を導入し、脱属人化を図るとともに、業務工数の約 4.0％を削減することを目指すプロジェクトを開始。特定の地域から始めたこの取り組みは、導入から 1 年以上経過した現在、全国で展開されるようになっています。

　もう 1 つの AI 導入領域は、「基幹システムのプログラム開発支援」です。この領域は、2023 年の間に一気に浸透した印象です。生成 AI のサンプルプログラム生成能力は驚異的で、「こういうプログラムがほしい」とチャットで伝えるだけで、高精度のコードが自動生成されます。

　基幹システムの領域では、COBOL や RPG など、歴史の長いプログラミング言語が使われていますが、こうしたレガシーな言語を最初から習得している技術者はほとんどいません。他方で、一昔前の言語がゆえに学習環境が整っていないため、それが新たに学ぶ際の大きな障壁となっているのが実状です。そこで、そのハードルを大幅に下

げる手段が、生成 AI の活用です。具体的には ChatGPT の活用によって、気兼ねなく質問できる先輩社員がいつでも隣にいるような状況が生まれ、生産性や学習スピードが格段に向上します。

さらに生成 AI の活用によって、既存のプログラムやデータを読み込ませ、言語の変換をかけることが容易になります。これにより、レガシー言語をもっと歴史の浅い言語に変換したいというニーズは自然と出てくるでしょう。

これらを踏まえて、AI は次の 2 つの観点で基幹システムに大きな影響を与えます。

① 基幹データ自体を AI に読み込ませ業務改善すること
② 基幹システムの開発自体を抜本的に変えること

これら 2 つの観点から、基幹システムの世界も大きく AI の影響を受けることになります。「2025 年の崖」問題と同じように、さまざまな領域で課題とされていることに対しても新たな解決策が出てくることでしょう。誰もが手頃に AI を使いこなす、真の AI 時代はもう少し先かもしれませんが、少しずつ IBM i の世界にも AI は入り込み始めているのです。

基幹システム 3.0「API・クラウド時代」の幕開け

　真の基幹システムが「基幹システム 4.0」であるとしたら、私たちは現在どのフェーズにいるのでしょうか。

　それが先にも述べた、API・クラウド時代です。2020 年からの約 3 年間で、「API」と「クラウド」というキーワードが IBM i のユーザー企業に急速に浸透したように感じています。

　まず、クラウドに関しては、2019 年に IBM Cloud が IBM i の本格的なクラウドとして利用可能になり、2020 年頃から大幅に拡大しました。次に、API については、私たちが提供する API 関連製品への問い合わせが年々増え、結果として 100 社を超える企業で利用されるようになっています。これらの動きから、AI 時代が本格化する前段階として、2020 年頃から API・クラウド時代が始まったと言えるのではないでしょうか。

　API・クラウド時代とは、「必要なときに必要なものを利用する時代」とも言えます。つまり所有から利用へというパラダイムシフトが起きており、その背景にあるのが API とクラウドなのです。

　API とクラウドは異なる概念ですが、両者は密接に関係しています。クラウドは、サーバーを自社で所有することなく、インターネットなどで好きなときに好きなだけ使えるサービスのことを指します。

　一方、API は、アプリケーション同士をつなぐもの、すなわちシステム同士が連携するプロトコルの一種です（図表 2-3 参照）。アプリケーションシステム内部の機能を呼び出すための API や、インターネットを通じて気象庁が公開しているデータから天気の情報を取れる API など、さまざまな API が存在します。

図表 2-3：クラウド時代の API 連携

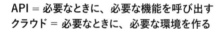

**API ＝ 必要なときに、必要な機能を呼び出す
クラウド ＝ 必要なときに、必要な環境を作る**

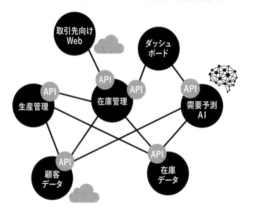

　クラウドと API が密接な関係にある理由は、「**必要なときに、必要な環境を作る**」というクラウドの考え方と、「**必要なときに、必要な機能を呼び出す**」という **API の考え方の親和性が高い**からに他なりません。その結果、クラウド上のシステムが API を介して連携することがデファ

クトになりました（図表 2-4 参照）。

図表 2-4：クラウド時代 API がシステム連携のデファクトに

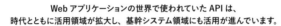

**Web アプリケーションの世界で使われていた API は、
時代とともに活用領域が拡大し、基幹システム領域にも活用が進んでいます。**

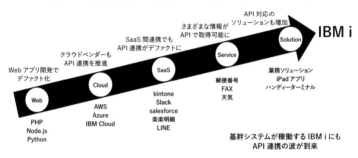

この API の考え方は、インターネットや社内ネットワークに存在する、さまざまなデジタル部品を API で自由につなぎ合わせる考え方を浸透させてきました。さらに、基幹システムにも影響を与えています。

最近では、さまざまな SaaS が採用され、SaaS 間の連携は API を介して行われることが増えています。SaaS は基幹システムとの連携のニーズがあるため、基幹システムも必然的に API 連携を求められるようになってきています。

クラウドのメリット＝業務改善に集中する環境作り

　API・クラウド時代を深掘りしていく上で、まずはクラウドについて解説していきたいと思います。

　クラウドのメリットは、インフラの仕事を最小限に抑え、アプリケーション開発に早期に取り組む環境を作り出すことです。このメリットは以下の2つに集約されます。

① サーバー管理の手間を極限まで省き、スキルを不要にする（楽）
② 追加のサーバーが必要になった際にすぐに作れ、不要になればすぐに消せる（早い・アジャイル）

　DXという言葉が至る所で聞かれるようになり、情報システム担当者は新しいデジタル戦略の企画・実行に忙しくなっていることでしょう。しかし、そうした業務は各企業の業務を理解していなければ進められず、外部に委託することもできません。そこで他の仕事を削減するために最も外部に委託しやすいのが、サーバー管理の仕事です。年々忙しくなる情報システム担当者にとって、何よりも重要なのは時間です。外部に委託して時間を節約できることは、大きなメリットと言えます。

　そして、もう1つのメリットは、必要なサーバーをすぐに作れること

です。例えば、IBM i 自体のバージョンアップの際に、既存の環境を
コピーしてバージョンアップを試すことができます。オンプレミスの場合、
もう1台の物理サーバーを調達しなければならないケースも多く、結
果として5～7年に一度しかバージョンアップができないといったこと
になりがちです。また最新のバージョンが使えないことによって最新機
能が使えなくなるだけでなく、5～7年に一度しかないイベントであれ
ば社内におけるノウハウの継承が難しくなるという問題も生じてしまう
でしょう。

　IBM i の新しい環境をすぐに作ったり消したりすることは、開発を専
業としている企業でなければあまりないかもしれません。しかし、一般
企業でも新しいツールを試したいときなどに、Windows サーバーや
Linux サーバーの環境を一時的に作ることはよくあります。

　私たちがクラウド支援をしている中で感じるのは、インフラを簡単に
作ったり消したりできるという発想が定着し始めると、企業はさまざまな
デジタル施策を試す意識が高まるということです。本来インフラの仕事
は、直接的に業務改善には寄与しません。業務改善に直結するのは、
有効なアプリケーション開発を行うことだからです。クラウドは、インフ
ラの仕事を減らすことで、業務改善に集中する環境を提供します。

Chapter

2

API のメリット＝基幹システムを活かした DX を実現

「必要なときに、必要な環境を作る」というクラウドの考え方と、「必要なときに、必要な機能を呼び出す」という API の考え方は、親和性が高いというお話をしました。

では、API によって、基幹システムはどのようなシステムと連携し、必要なときにその機能を呼び出すことができるのでしょうか。その答えは大きく分けて 2 つあります。

1 つ目は、SaaS です。kintone のようなグループウェア、Box のようなファイルサービス、Slack のようなコミュニケーションツールなどが含まれます。

2 つ目は、Web サービスです。Web サービスとは、ブラウザでアクセスできるサービスを指します。基幹システムは多くの企業で黒い画面で使われていますが、システム利用者は Web サービスを経由して基幹システムにアクセスすることで、ブラウザ上でのシステム操作が容易になります。

API により、これまで基幹システム内で完結していたシステムが、さまざまなシステムと連携しやすくなります。そして、お互いのシステムの詳細は理解していなくても、それぞれの担当者が API の仕様だけを理解していれば、システム間の連携が可能になります。これは、お互いの

システムの詳細を理解する必要がないという点で、非常に画期的です。

なお、API 連携は SaaS と Web サービスに限定されているわけではありません。例えば、インターネット経由で郵便番号を送信すると、住所の一部を取得できる API があります。これを基幹システムから実行すれば住所入力が容易になるなど、API の活用方法はさまざまです（図表 2-5 参照）。

図表 2-5：API リアルタイム連携

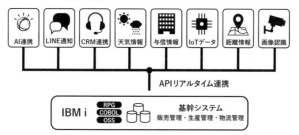

また、API で FAX サービスを提供している企業も存在します。FAX サービスの API を基幹システムから実行すれば、自社で FAX の仕組みを持たなくても、API を実行するだけで FAX 送信ができるようになります。今までも CSV をアップロードすれば FAX 送信してくれるサービスはありましたが、API を利用すると送信成功・失敗の確認など、より高度な管理が可能になるケースが増えています。そのため、万が一の失敗時でも、システム的にリカバリーがしやすいといったメリットがあります。

API 連携により、基幹システムとの連携の可能性は大幅に広がります。具体的には、主に 4 つのパターンが存在することがわかってきま

した。それらのパターンをチャートにまとめましたので、ぜひご覧ください（図表 2-6 参照）。

図表 2-6：API × IBM i が注目される 4 つのテーマ別パターン

	パターン 1	パターン 2	パターン 3	パターン 4
テーマ	API アーキテクチャー推進	顧客向け DX	社内 DX（新アプリとの連携）	社内 DX（IBM i アプリ強化）
課題例	スパゲティー化したシステム連携を疎結合化して、機動力を高めたい	IBM i のデータを他のアプリに公開したい。B2B の場合、受注業務を効率化したい		社員向けのインターフェースを刷新することによる DX 推進したい
概要図	SoE Sol SAP など salesforce など ERP API CRM IBM i IBM Z	AWS など LINE 顧客向け Web 顧客デバイス API 通知 IBM i 基幹ロジック 基幹データ	kintone など Slack i-Rrporter など 部門アプリ モバイル API IBM i のデータ表示 IBM i に取込 API IBM i 基幹ロジック 基幹データ	モバイル API IBM i 基幹ロジック 基幹データ
情報システム組織体制	十数名〜数十名（+大手 Sler）	数名〜数十名（IBM i チーム+Web チーム）	数名（IBM i 技術者中心）	数名（IBM i 技術者中心）
API×IBM i への期待	社内システム全体を API 前提のアーキテクチャーにしていきたい	IBM i と Web 技術者のコラボレーションしたい	特定の SaaS・ツールと IBM i を連携させたい	IBM i のアプリで利用するデータを増やしたい
連携先例	API 統合プラットフォーム	顧客向け Web チャットボット・LINE 公式アカウント	kintone・i-Reporter・Slack 社内 Web システム	公開 API（天気データ・郵便データなど）

　パターン 1 のように、数千億円規模の売上がある企業は、コンサルティング企業の支援を受けながら社内のあらゆる連携を API 連携に移行しようという動きが見られます。その中で、IBM i だけが社内のシステム連携に取り残されないよう、大企業を中心に API 連携を積極的に進めている企業が増えています。

　一方、中堅企業では、少人数で DX を進める企業が多く、API は迅速なシステムの連携手法として採用が進んでいます。これはパターン 2 とパターン 3 に相当します。パターン 2 は顧客とのコミュニケーショ

ン方法を改善するための DX、パターン 3 は社内の業務改善を目指す
ものです。

　パターン 4 は、パターン 1 〜 3 に比べると実績こそ少ないですが、
社外のデータを社内システムに取り込み、意思決定の質や業務改善
に活用する取り組みです。

　企業規模によって、API をどのような場面で活用しようとしているか
は異なります。とはいえ、スピードが求められる時代において、それ
ぞれの課題解決手段として API は注目されているのです。

　IBM は、IT 業界に先駆けて重要なコンセプトを提示し、数年ほど経
過した後にそのような世界が来るというのは、業界では有名な話です。

　例えば、2010 年頃に IBM が「API」について盛んに情報を発信し
ていた時期がありました。その頃の私たちは IBM に在籍していて、顧
客に提示するビジョンとして基幹システムの API 連携を掲げていまし
た。しかし、その時点ではまだまだ時代が追いついておらず、ほんの
一部の顧客のみがそのコンセプトの実現に関心があったというのを今
でも鮮明に覚えています。そのため、この新しいアプローチは徐々に
忘れ去られていきました。

　それから 10 年ほど経った現在では、多くの企業が API 連携に積極
的に取り組み、実装していることから、その時代が到来したことを確信
しています。

コラム：API とは

API（Application Programming Interface）は、異なるシステム間
で情報を交換するための手段です。この情報のやりとりは、「サーバー」
と「クライアント」の 2 つの要素で構成されています（図表 2-7 参照）。

図表 2-7：API とは何か？

API（Application Programming Interface）とはソフトウェアやプログラム、
Web サービスの間をつなぐインターフェースです。
クライアント側の開発者は API リファレンスを参照して、アプリケーション開発を行います。

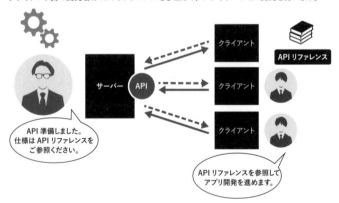

サーバーは、データや機能を提供する役割を担い、API を通じてこ
れらをどのように提供するかを決めます。一方、クライアントは API を
利用してサーバーから情報を取得したり、操作を依頼したりします。

ここで重要となるのが、サーバー開発者によって作成される「API リ

ファレンス」という API の使い方を説明したドキュメントです。このドキュメントには、どのような情報が得られ、どのようにリクエストを送るかなどが詳述されており、クライアント側の開発者は、これを読み解き、それに基づいて開発を進めます。

　ただし、クライアント側の開発者が、API はどのような種類で、何ができるかを知ることは重要ですが、API 内部の仕組みやサーバー側の詳細な動作について深く理解する必要はありません。つまり、API を「どう使うか」を知る必要はありますが、「どう動いているか」について詳しく知る必要はないということです。

　では、基幹システムという文脈で API がどのように利用されるのかを見てみましょう。例えば、昔から存在する納期計算ロジックというものがあります。この納期計算ロジックは非常に複雑で、在庫状況、営業日の確認、顧客の優先度、配送区分など、多くの要素を考慮する必要があります（P72 図表 2-8 参照）。

図表2-8：実装イメージ

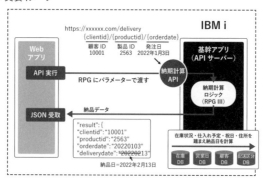

　具体的には、注文が入ると在庫を確認し、休日が入らないか営業日もチェックします。顧客によって優先度が異なるため、顧客データベースも見なければいけません。当然、配送地域によって納期が変わるため、配送区分も確認する必要があるでしょう。

　こうしたビジネスロジックは、長い間、基幹システム側で作られてきました。しかし、新しい仕組みが導入されるたびにこれらを一から作り直すと、同じようなプログラムがいくつも作成されることになります。これは非生産的であり、管理が複雑になってしまう要因にもなります。

　これを解決するのが API です。API を利用することで、基幹システムのプログラム資産を IBM i の外部からも簡単に利用できます。これにより、同じようなプログラムを何度も開発する必要がなくなり、基幹システムのプログラムを必要に応じて呼び出せばよいのです。

第三章

IBM i と新技術は、どう組み合わせていくべきか

Chapter 3

レガシーシステム＝ネガティブなのは日本特有？

　私たちは、IBM i の既存アプリケーションを最大限に活用し、新しい取り組みを進めることを提案のコンセプトの１つにしています。

　このコンセプトを理解するためには、まず、レガシーの意味を知ることが重要です。新明解国語辞典によれば、以下のように定義されています。

レガシー〔legacy ＝遺産・遺物〕
1 よく使われたが、今では時代遅れになっているもの。「―システム」
2 後の世代に伝わり残る業績や公共財〔＝公園や道路など、誰もが享受できる財やサービス〕。「五輪とパラリンピックの―」
※新明解国語辞典第八版（2021年2月1日発行）

　新明解国語辞典では、「レガシー」はネガティブな意味で使われていることがわかります。一方、英和辞典で「Legacy」を調べると、「過去から引き継がれたもの」という意味で、言葉自体にネガティブな要素はありません。

　過去の技術や仕組みで構築されたシステムを指す「レガシーシステム」もまた、本来は悪い意味ではないはずです。ただ、それを適切

に管理できなくなった企業が増えるにつれて、日本ではネガティブなイメージが広がってしまったのかもしれません。

　図表 3-1 に示されるように、このネガティブなイメージは 2 つの分断によって生じました。

図表 3-1：レガシーをネガティブ化した要因

そもそも「レガシー」とは…

Legacy
1. 遺産、遺贈（財産）
2. 受け継いだ物、遺物
（もともとはネガティブな意味はなし）

レガシー
1. 遺産。先人の遺物。
2. 時代遅れのもの。「レガシーシステム」
（ネガティブな意味）

「レガシー」をネガティブ化した 2 つの分断

① **システムの分断**

② **技術者の分断**

分断している会社と一体化している会社で "格差"

　1つ目は「システムの分断」で、文字どおりシステム間の連携がうまくできていないことを指します。この連携がうまくいかない理由として、システムの機能的な制約や、2つ目の分断である「技術者の分断」が挙げられます。

　「技術者の分断」とは、Webエンジニアと旧来のシステムを扱うエンジニアの間で、言葉や考え方が異なる状況を指します。これにより、密なコミュニケーションが取れなくなるケースも見られます。

　「システムの分断」と「技術者の分断」、どちらが先に起こったのかはわかりません。いわゆる卵が先か鶏が先かの話ではありますが、これが「レガシーシステム＝悪」という認識を広めた要因となりました。

　これらの分断が起きているかどうかによって、長年にわたって培われたシステム資産を効果的に活用されているかどうかが判別できるでしょう。その結果、ストレスのないシステムを構築できている企業と、そうでない企業との間で二極化が進んでいきます。この「システムの分断」と「技術者の分断」を解消し、システムや人員体制を整えることが、レガシーシステムをポジティブに活用するための鍵となります。

IBM i×新技術の基本的な考え方

　IBM i は、レガシーシステムに対するネガティブなイメージを払拭し、これからも積極的に活用していくべきプラットフォームだと考えています。そのためには、先述した 2 つの分断を克服し、適材適所でテクノロジーを使い分けることが重要です。

　IBM i が得意とする領域は継続的に活用しつつ、さらに優れた新しいテクノロジーがある部分については、そのテクノロジーを採用するというのが私たちの考えです。これが、レガシー資産を活かした DX の進め方です。

　では、これを実現するためには何が必要なのでしょうか。

　それは、「適材適所」を見極めることです。その際の判断基準として、「そのシステムが多くの企業にとって汎用的な仕組みかどうか」「フロントエンドかバックエンドか」という 2 つの軸が考えられます。

　まず、「そのシステムが多くの企業にとって汎用的な仕組みかどうか」について見ていきましょう。大前提として、他社と少しでも共通している領域、例えば日本に 100 社以上の企業が同様の業務を行っている場合は、1 つの主体が開発した外部サービスを共通して利用することが効率的です。また、法規制対応が必要な場合も、専門のベンダーに任せる方が適切でしょう。その典型例として挙げられるのが、経理シス

テムです。経理システムはもともと IBM i で稼働していましたが、多くの企業が共通して利用するため、パッケージを採用するケースが増えてきました。

一方、IBM i で動き続けているシステムで代表的なものが販売管理と生産管理です。これらは、販売する商材や生産する製品、各製品固有で販売先・仕入先との関係性が異なることから、自社開発する企業が目立つ傾向にあります。

特に IBM i を利用している企業は歴史が長く、取引先との関係も長期にわたることがほとんどです。そのため、独自のサービスを提供する事例が頻繁に見受けられます。その結果、独自のサービス自体が企業の競争力の源泉となり、販売管理についてもパッケージが適応できないケースが散見されてしまうのです。

IBM i という OS は、企業固有の自社開発型アプリケーションのバックエンドとして、投資対効果を出しやすいプラットフォームです。その特徴として、プログラムの視差継承性が高く、IT 資産が保護されることを説明しました。一度作ったアプリケーションが長期間にわたって安定して動作することで、業務改善につながらないバージョンアップ対応業務が不要になります。

ここで、もう 1 つの軸が出てきます。それは前述した「フロントエンドかバックエンドか」です。フロントエンドはユーザーが見る画面を指

し、この領域は最も変化が速い部分です。かつては黒い画面の CUI で見ていたものが、2000 年頃からグラフィカルな画面が当たり前になりました。そして、iPhone や Android が 2010 年代中盤から業務用でも一気に普及します。その結果、PC だけでなく、モバイルも基幹システムを操作する上で重要なデバイスとなりました。

このようにフロントエンドは時代とともに変化を遂げ、画面を作成する技術も同様に進化してきました。さらにはプログラム言語自体や、それらを開発するツールも変わり続けています。

進化著しい「フロントエンド」を支える「バックエンド」

基幹システムの進化は、フロントエンドの進化に大きく関連しています。フロントエンドとは、IT 用語で言うところの画面まわり、あるいはユーザーにとってのインターフェースを指します。対してバックエンドとは、データベースを意味します。つまり、利用者に最も近いのがフロントエンド、その反対側にあるのがバックエンドです。

2000 年前後から 2020 年代までの基幹システム活用の進化は、主にフロントエンドの領域で見られました。インターネットよりも歴史の長い基幹システムのフロントエンドは、1990 年代までは画素数の少ないエミュレーターの画面でした（P80 図表 3-2 参照）。その後、PC から

Chapter
3

モバイル機器までさまざまな機器が登場し、基幹システムのフロントエンドもこれらの変化に対応しています。

図表 3-2：エミュレーター画面

　一方、バックエンドの処理は、根本的な変化が少ない部分です。在庫の引当ロジックや在庫照会、発注自体の仕組みなど、基本的に変わらないケースが多いためです。もちろん、顧客に提供するサービスの変化やリアルタイム性が求められるようになると、バックエンドの仕組みを根本的に変えなければならない状況も出てきます。それでも、ある程度の安定した事業になると、フロントエンドに比べてバックエンドは変わりにくい傾向にあります。

　実は、冒頭で触れた「画面まわり」というフロントエンドの概念は、簡潔に説明されています。さらに言えば、フロントエンドは新しいデバイスからバックエンドの仕組みを効率的に利用したり、データを入力したりする仕組みを指します。

　フロントエンド領域は、インターネットの Web サイトをはじめ、さまざまな開発者が開発する仕組みであり、共通化して使えるオープンソースパッケージが多く存在します。フロントエンドでは、ブラウザから入力する仕組みが現在は一般的です（図表 3-3 参照）。よく使われているプログラム言語としては、HTML や JavaScript などが挙げられ、JavaScript には、誰もが使える多種多様なモジュールがあります。これらの便利なモジュールを使うことなく、自社で開発するのは現実的ではありません。自社特有のプログラムでないものについては、できるだけ既存の便利なモジュールを使うべきです。

図表 3-3：ブラウザ画面

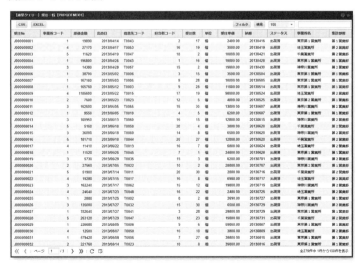

バックエンドに適した IBM i ×フロントエンドの 新テクノロジー

IBM i で動かすべきか否かの判断軸を整理しましょう。業務上、汎用的な仕組みかどうかが１つ目の判断軸となります（図表 3-4 参照）。汎用的な仕組みには、その用途に合わせた業務パッケージが多く存在します。一方、自社固有の仕組みは IBM i で動かすことが適している可能性が高いです。

図表 3-4：汎用的と自社固有の仕組みの違い

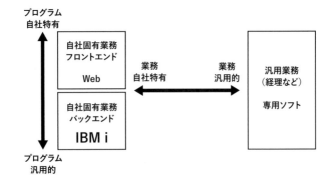

２つ目の判断軸は、フロントエンドかバックエンドかです。フロントエンドとバックエンドでは、稼働環境に対する要件が一般的に異なります。フロントエンドは新しいデバイスに対応するために進化を続ける

べきですが、バックエンドは必ずしもそうではありません。フロントエンドでユーザーが操作したデータの更新や参照などの指示を処理し、結果をフロントエンドに返すことが主な仕事だからです。

　例えば、「昨日、A 社に販売された商品 X を納期が早い順に抽出してください」という検索指示があった場合、バックエンドは該当するデータを検索・抽出し、その結果をフロントエンドの画面に返します。それゆえ、バックエンドに求められるのは、パフォーマンスと信頼性です。多くの社員が同時に処理を実行しても、バックエンドは安定して処理を捌く必要があるからです。

　バックエンドがフロントエンドと異なる部分は、フロントエンドよりもデバイスの変化が少ないため、一度作ったプログラムが長く動き続けることが求められることです。これは、いわゆるプログラムの資産継承性と呼ばれています。

　しかし、一度作ったプログラムは長期間にわたって動くことを期待されますが、IBM i 以外のプラットフォームでは一般的に、プログラムが稼働するハードウェアやミドルウェアのバージョンが上がると動かなくなることがよくあります。新機能導入の代償として、資産継承性が犠牲になることが一般的だからです。特に Java や PHP などの言語では、関数がサポートされなくなったり、エラーチェックが厳しくなって動かなくなったりするため、バージョンが上がると大抵は何らかのプログラム

の書き換えが必要になります。だからこそ、バージョンアップ時には改修作業が必要になることを見越して、入念なテスト計画と余裕を持ったプロジェクト計画が必要となります。また、フロントエンドであれば15年前のInternet Explorerでできたことと、今のChromeやEdgeでできることは全く異なるため、書き換えは避けられません。

　こうしたバージョンアップ対応は業務的に何かが変わるわけではないので、本来は後ろ向きな仕事ですが、バージョンアップ地獄に陥ってしまっているシステムではよく見受けられることです。例えば、SIerにシステムを依頼している場合、「××システム・バージョンアップ対応」などというプロジェクトが立ち上げられます。バージョンアップによる新機能を求めていない限り、本質的には業務改善に直結しない、できれば工数を最小化したい作業です。

　これに対して、IBM i はハイパフォーマンスと資産継承性という、唯一無二の特徴を持っています。フロントエンドは時代とともに増えていくものです。そのとき、バックエンドはその処理に応える必要があります（図表3-5参照）。バックエンドに求められるのは、パフォーマンスと資産継承性です。それゆえ、自社固有業務のバックエンド基盤に非常に適しているのです。

図表 3-5：資産継承の重要性

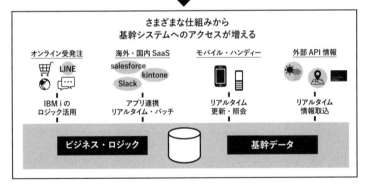

　では、この安定したバックエンド基盤と最新技術を組み合わせた場合、どのような結果が得られるのでしょうか。次節から、具体的な事例を見ていきましょう。

新しい顧客接点：シニア層にも浸透する LINE

　かつては PC のブラウザや iPhone、Android などのスマートフォン
を通じて、Safari などのブラウザでインターネットに接続する方法が
主流でした。しかし現在では、LINE などの新しいスマホアプリケーショ
ンがインターフェースとして使われるようになっています（図表 3-6・
3-7 参照）。

図表 3-6：LINE ×基幹システム

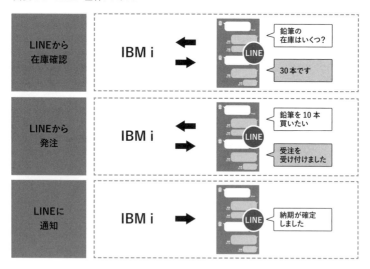

図表 3-7：IBM i と LINE の連携

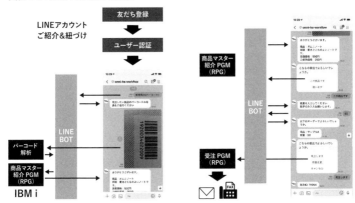

　最近では、顧客からの問い合わせを LINE で受け付けるところも徐々にですが増えてきました。これらの企業の中には、LINE を通じて注文を受け付けたり、在庫や納期状況を確認できたりするサービスを提供するところもあります。

　IBM i ユーザー企業の中には、シニア層を主な顧客としている企業も少なくありません。シニア層にとっては、Amazon などの e コマースショップより、チャット形式で進められる LINE の方が利用のハードルが低いと感じられているようです。

　一例として、雑貨や全国からさまざまな食品をお取り寄せする通販サイトを手がける、株式会社 優生活（以下、優生活）が挙げられます（P88 図表 3-8 参照）。優生活では、電話での問い合わせによる業

務負担増の課題に取り組むため、IBM i と LINE を API 連携し、これにより LINE を通じて注文内容や納品日、配送状況などが簡単に確認できるようになりました。普段から利用されている LINE を活用することで、シニア層の顧客にも直感的な操作性が評価され、LINE の友だち登録数は大幅に増加しています。

図表 3-8：優生活による LINE 活用例
出所：株式会社 MONO-X の広告より抜粋

※本キャンペーンは終了しているため、クーポンコードは利用不可

　このように、新しい受発注や納期確認など、基幹システムと直結する必要がある仕組みのお客様インターフェースとして、LINE は注目を集めています。

スマートフォンが現場を改善する

スマートフォンは、顧客との接点だけでなく、工場や倉庫で社員が使うデバイスとしてもますます活用されています。特に、多くのセンサーを持つ iPhone は、エッジ・デバイスとして進化を遂げてきました。

最近では、iPhone や Android デバイスが、さまざまな現場で使われ始めています（図表 3-9 参照）。工場や倉庫では、製造現場や安全パトロール、店舗巡回、保守・点検サービス、在庫棚卸、物流倉庫など、多岐にわたる場面で活用されています。検査記録、不良報告、作業日報、設備点検がその代表的な例です。

図表 3-9：モバイルデバイスの活用拡大

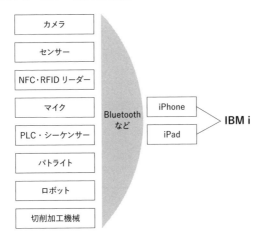

iPhone を使って情報を入力するだけでなく、Bluetooth 連携デバイスを使って情報を取り込むことも可能です。例えば、iPad を使って製造現場や倉庫の作業内容を入力する際に、Bluetooth 連携したバーコードリーダーで製造番号を読み取ったり、各種センサーで取得したデータを自動入力したりすることで、生産効率が向上します。

さらに、iPad 向けのアプリを簡単に作成できるノーコードソリューションも増えています。センサーとの連携も容易で、すぐに業務改善できる方法として注目されています。

現在、さまざまな AR グラスが登場しており、中でも 2024 年春に出た Apple Vision Pro は注目を集めました。今後、徐々に AR グラスが生活や業務に浸透していくと予想されます。そのときには、データのインプット先や表示先として、引き続き IBM i が活用されていくでしょう。

適材適所のものをどうつなぐか。
デファクト化する API 連携

これまで述べてきたとおり、IBM i は、さまざまなインターフェースを経由して基幹システムのデータを更新したり、参照したりできるようになっています。その中でも特に重要なのは、実装のしやすさです。この点において、基幹システムと新しいデバイスを簡単に連携できるこ

とが求められます。

では、「簡単」とは具体的に何を指すのでしょうか。

基幹システムとマルチデバイスの連携において「簡単」とは、基幹システムの詳細を完全に理解していなくても、基幹システムのフロントエンドの画面を開発できることを意味します。API は、基幹システムとマルチデバイス間でのデータのやりとりを効率的に行うための鍵となります。

プログラム開発と一口に言っても、基幹システムの開発とフロントエンドの開発は、全く種類の異なるものです。基幹システムの開発者がフロントエンドを開発するためには、プログラミングの考え方を一から学ぶ必要があります。その逆も然りです。

しかしながら、API により、これらの異なる領域がスムーズに連携できるようになりました。ここで、基幹システムとマルチデバイスの連携では、API はどのような場面で使用されるのかを考えてみましょう。

これまでも API 以外の連携プロトコルはありました。ただし、ネットワーク帯域が今よりも狭かったことから、データのやりとりを最小限に抑える必要がありました。その結果、学習コストの高いプロトコルが使われてきたのです。それを踏まえて、今では API、特に RESTful API というプロトコルが一般化しています。

API の一般化を受けて、IBM i も進化を遂げています。最近では、

IBM i を簡単に API 連携できるようになりました。これまでも技術的には可能でしたが、API を準備する手間や、通常の IBM i のシステム開発とは全く異なるスキルが必要であることから、一部のハイスキルな技術者を除き、API 連携を実装している企業はほとんどありませんでした。

　しかし、2020 年頃から、API-Bridge を含む、さまざまな API 化ツールが登場しました。これにより、例えば在庫照会のレガシー・プログラムを簡単に API で実行できる仕組みを作れるようになったのです。このようなツールの普及により、IBM i の世界でも API 連携が非常に身近なものとなりました。

　では、IBM i と API 連携する対象はどのようなものがあるか見ていきましょう。図表 3-10 はその一例です。

　最もご相談をいただくのは、kintone です。他にも Slack や Salesforce、Box など、主要な SaaS 製品の多くが API 連携に対応しています。特に最近は、小売店で iPad 型のレジが普及していることも相まって、スマレジとの API 連携に関するお問い合わせも増加傾向にあります。世の中の SaaS の進化に伴い、連携先も多様化の一途をたどっていると言えるでしょう。

図表 3-10：API × IBM i の実例・ユースケース

パターン	企業の特色	連携先	課題例	IBM i の役割
(1)API アーキテクチャーの推進	大手企業	API 連携基盤	社内のシステム連携を全て REST-API 連携にしていきたい	主に Client
(2)顧客 DX	全業種	AWS	Web 受発注の仕組みと IBM i の連携をシンプルにしたい	Server
	顧客が B2C、中堅企業中心	LINE	顧客向けに提供している LINE 公式アカウントから 在庫照会したい	Server & Client
(3)社内 DX	全業種	kintone	ワークフローで登録した顧客を、IBM i の顧客 DB に反映したい	Server & Client
	全業種	社内 Web（例 .PHP）	IBM i スキルが少ない技術者でも PHP on IBM i の開発を推進したい	Server
	製造業	i-Reporter	現場帳票の電子化・モバイル化（バーコード・カメラ）	Server
	全業種	Slack	IBM i 内の在庫数・納品日を確認したい	Server & Client
	小売業など	ハンディーターミナル	REST-API 対応した ハンディーターミナルの 採用を簡単にしたい	Server
	全業種	box	電子帳票保存法保存法対応に 伴うファイルのアップロードしたい	Client
	製造業	生産設備 IoT	生産設備に設置したセンサー・データを生産管理に取り込みたい	Server
(4)API 公開データ取込	全業種	郵便 API	5250 の入力を簡素化したい	Client
	建材関係	天気 API	雨の日に納品できない 製品の納期調整に活かしたい	Client

Chapter
4

第四章

これからも IBM i は提供され続けるのか

IBM i の存続が不安視される理由

基幹システムを選定する際に最も重要なのは、長期的な視点からリスクを評価することです。どんなに魅力的な製品でも、その存続が不確かなものは絶対に利用できません。IBM i はよく「IBM から提供されなくなるのでは?」という不安を持たれがちです。これは私見に過ぎませんが、冷静に考えれば、その可能性は非常に低いと言えます。

まず、IBM の公式発表を見てみましょう。「IBM i をこれからも提供し続けます。IBM i をこれからも進化させていきます」というメッセージが、IBM から定期的に発信されています。このメッセージが繰り返し伝えられている理由は、以下のとおりです。

①リリースや開発のロードマップが明確で、

　2023 年時点で 2037 年までが公表されている（P96 図表 4-1 参照）

② IBM i は、モバイル、AI、クラウドなど、

　常に時代の要請に対応した機能拡張を繰り返している

③ IBM i は、世界中の多くの企業で実績と事例を積み上げている

④開発拠点であるロチェスター研究所では人材採用が強化され、

　IBM i への投資が継続されている

図表 4-1：IBM i のロードマップ

出所：日本アイ・ビー・エム株式会社提供資料（2024 年）より株式会社 MONO-X で作成。
IBM i 7.3 の延長サポート期間については不記載

注釈

IBM の将来の方向性および意向に関する全ての声明は、予告なしに変更または撤回されることがあり、目標および目的のみを表しています。
「進行中の状態」を示しており、特定のデータを意味するものではありません。

　しかし、これらを知っても、「10 年後はどうなるのか?」「計画が突然
変更されるのでは?」という不安を感じる方もいらっしゃるでしょう。

　そこで、IBM が IBM i を提供し続ける理由を 2 つ挙げてみます。

理由 1：IBM i は IBM のコア・テクノロジーと密接に絡んでいるため、
売却することは極めて困難であること

理由 2：IBM i は、ハードウェア事業よりもソフトウェア事業に近く、非
常に収益性が高いこと

　結局のところ、全てはビジネスです。IBM はボランティアではなく、
株主価値最大化のために IBM i を提供しています。つまり、IBM i が
利益を生むかどうか、そしてそれが他の企業に売却できる価値がある
かどうかが、IBM i の存続を決定する重要な要素となるわけです。

IBM i を提供し続ける理由──IBM コア・テクノロジーとの緊密性

IBM i を提供し続ける理由の 1 つ目である、「IBM i は IBM のコア・テクノロジーと密接に絡んでいるため、売却することは極めて困難であること」について考察します。

IBM はこれまで時代を先読みし、大型買収・大型売却を繰り返してきました。特に、IBM が記憶に残るような売却を過去に行ってきた歴史があることから、「IBM は、どんな事業もいつか売却するのではないか?」という印象を持たれているようです。

実際に、IBM のハードウェア事業でも売却事例があります。2005 年には PC 事業を、2014 年には x86 サーバー事業を Lenovo に売却しました。また、ハードウェア事業以外でも、POS やメールをはじめとするグループウェアの Lotus Notes も売却され、インフラサービス部門も Kyndryl として分社化されています。

しかしながら、IBM i については、売却される可能性は非常に低いと考えています。その理由は、**IBM i のテクノロジーが、IBM のコア・テクノロジーと密接に絡んでいる**からです（P98 図表 4-2 参照）。これが、Lenovo に売却された PC 事業や x86 事業などとは大きく異なる点です。

図表 4-2：IBM i と IBM のコア・テクノロジーの関係

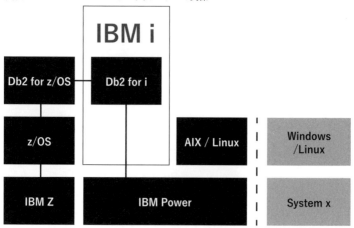

IBM i という OS には Db2 というデータベースが標準搭載されています。この Db2 は、Linux や UNIX、Windows で稼働するバージョン（通称：LUW）、そしてメインフレームと言われる IBM Z の上で動く Db2 for z/OS といった形で、IBM の他事業のコア・テクノロジーとしても活用されています。

特に Db2 for z/OS は、金融機関や大規模な製造業など、社会インフラに近いシステムで使われています。Db2 ファミリーの製品は、プラットフォームごとに機能上の違いこそありますが、データベース、カラム、タイプ、そしてツールなど、共通する部分も多く、関連性の高いプロダクトです。それらは一体となって開発されており、その共通性は近年増

してきていると言われています。さらに、研究開発体制も共通であり、特許などの知的財産も複雑に絡んでいることが推測されます。そのため、IBM i を仮に売却するとなれば Db2 のテクノロジーも切り出すことになるため、現実的ではありません。

次に、IBM i が稼働する IBM Power についてです。IBM Power というサーバーは IBM i だけでなく、AIX、Linux の基盤としても使われています。そのうえ、Linux 用の IBM Power はスパコンにも使われており、アメリカ合衆国エネルギー省のオークリッジ国立研究所に構築されたスーパーコンピューター「Summit」は、スパコンランキング世界一になるなど、世界中から注目を集めています。この他にも、世界で最も高いシェアを占める ERP である SAP のデータベース環境（SAP HANA）としても使われています。

このように IBM i 自体が、そしてそのハードウェアである IBM Power も、IBM の他のテクノロジーと密接に絡んでいることがわかります。それに対して、過去に売却実績のある System x と PC はそうではありません。System x は Intel プロセッサーを調達し、サーバーとして組み立てているビジネスは、IBM テクノロジーと多少なりとも接点があったとはいえ、IBM i のそれとは比較になりません。

以上が、IBM が IBM i を提供し続ける理由、すなわち売却される可能性が低い根拠の１つです。

Chapter
4

IBM i を提供し続ける理由――高い収益性

　IBM i を提供し続ける理由の2つ目である、「IBM i は、ハードウェア事業よりもソフトウェア事業に近く、非常に収益性が高いこと」について詳しく見ていきましょう。ただし、IBM i 単体の事業収益性は公表されていないため、ここで述べることはあくまで推測に過ぎません。

　IBM i はかつてオフコンと呼ばれてきたことから、他のオフコンと比較されることがあります。富士通、日立、NEC などのオフコン事業を提供してきた企業は、事業の撤退または縮小を余儀なくされてきました。そのため、「IBM も売却・撤退するのでは?」という疑問を抱く方は少なからずいらっしゃいます。

　しかし、**現在の IBM i はオフコン領域で勝者となりました。**その収益性は、過去にオフコンを提供していた企業と比較すると、大きな差があることは想像に難くないでしょう。

　まず、IBM のビジネス・ボリュームは、日系ベンダーと比べて大きく異なります。多くのオフコンベンダーが日本市場のみを対象としていましたが、IBM にはそれを大きく上回る10倍以上の海外マーケットがあります。

　次に、原価の観点からも見てみましょう。IBM は自社のプロセッサーを維持していますが、NEC の A-VX が稼働するハードウェア

Express5800/600 や富士通の ASP が稼働する PRIMEQUEST のプロセッサーは、Intel プロセッサーを採用しています。一度でも他社のプロセッサーを調達すると、OS の開発計画はそのプロセッサーの開発計画の制約を受けることになります。さらに、他社プロセッサーの仕様変更に対応する必要性が生じ、結果として OS の研究開発投資コストが膨らむことがリスクとして顕在化します。それが製品の継続性を非常に難しくしてしまうのです。

さらに、IBM i はハードウェア・ビジネスよりもソフトウェア・ビジネスに近いと言えます。IBM i を購入する際には、IBM Power というサーバーと IBM i という OS（データベース機能なども含む）の 2 つを主に購入しますが、その費用の半分以上は OS、つまりソフトウェアの費用です。

ソフトウェア・ビジネスは、一度軌道に乗ると、収益性が非常に高くなると言われています。なぜなら、工場やデリバリー体制を整える必要のあるハードウェアと違い、ソフトウェアは継続的な開発費用が発生するものの、コアの部分は再利用が可能だからです。

IBM が IBM i を今後も提供し続けるかどうかは、大きな関心事です。そこで、この章ではよくある誤解を中心に分析し、その理由を明らかにしました。

【インタビュー：日本アイ・ビー・エム株式会社】
IBM i の現在地と将来に向けた取り組み

　本書の冒頭でも述べたとおり、1988 年に AS/400 として誕生した IBM i は、現在も業界最先端の IT プラットフォームとして進化を続けています。そんな IBM i を、どのような企業が、どのような形で利用しているのでしょうか。また、それらの企業は IBM i からどのようなメリットを享受し、さらには 2037 年まで長期にわたり公開されている製品ロードマップや IBM i の未来に向けた展望を見据えているのでしょうか。

　そこで、日本 IBM 理事テクノロジー事業本部 IBM Power 事業部 事業部長の原 寛世氏と日本 IBM テクノロジー事業本部 IBM Power 事業部 IBM i カスタマーサクセスアドバイザー久野 朗氏に詳しく話を伺いました。

業種を問わず国内約2万社の企業がIBM i を利用中

――現在、IBM i はどれくらいの企業で使われているのでしょうか？ 新規で採用されている企業も含めてご教示いただきたいです。

原（敬称略）：国内では、約2万社のお客様にIBM i をご活用いただい

ています。新規での採用も着実に増えてきました。これまで COBOL 系の汎用機を提供してきた他社が次々に市場から撤退していく中で、その受け皿としても IBM i が注目されているようです。

──お客様の中には、IBM i の存在を意識せずに利用しているケースもかなり増えていると感じています。

原：たしかにそういう側面もあるでしょう。国内でも SaaS 型の多彩なアプリケーションを提供するプロバイダーが増えていますが、ユーザーからはそれらのサービスを運用している IT プラットフォームまではわかりません。

　実はその裏側で、IBM i が稼働しているケースは思っている以上に多いのです。一般消費者向けの e コマースや生命保険会社のライフプランアプリケーション、カスタマーセンターのチャットボット、企業内の承認申請ワークフローなど、さまざまなサービスが IBM i 上で稼働している事例を私どもも数多く把握しています。

──業種で言えば、どんなお客様が多いのでしょうか？

原：導入企業数では製造業と流通業が 2 大ユーザー市場となります

が、基本的に業界・業種は問いません。サービス、公共、金融など、国内だけでなく海外も含めてあらゆる業種、あらゆる規模のお客様にご利用をいただいています。

IBM i が一貫して守ってきた普遍的価値と変化したもの

―― 35 年の長い歴史を有する IBM i は、何を普遍的な価値として継承し、一方でどんな部分を変えてきたのでしょうか。

原：AS/400 の時代から一貫して守ってきたのは、アプリケーション・プログラムとデータベースの後方互換性です。極端な話ですが、金曜日の夜に旧モデルのバックアップを取り、土日の間に新モデルにリストアすると、月曜の朝一番から本番稼働を開始できる。それくらい高度な互換レベルを維持し続けているのです。だからこそ IBM i は、安心していつまでもご利用いただくことができます。

　もう 1 つこだわり続けているのが、ハードウェアと OS を一体とした研究開発です。一般的な IT プラットフォームは、ハードウェア、OS、ミドルウェア、それぞれのレイヤーごとに複数メーカーによる水平分業体制で作られていますが、異なる企業間では、技術的なすり合わせのために、オープンな議論をするにも限界があります。その点、IBM i

の場合は、データベースをはじめとするほとんどのミドルウェア機能を
内包しています。そして、ハードウェアを開発しているのは IBM Power
という社内のハードウェア部門です。ハードウェアと IBM i の開発部門
は、それぞれの人材は日常的に行き来して緊密なコミュニケーションを
取りながら、IBM i が今後も最高のパフォーマンスとエクスペリエンス
を提供するために何をすべきかを議論し合っています。業界でも稀有
な垂直統合の IT プラットフォームとして IBM i は作られているのです。

　一方で、変化させてきた部分ですが、上述の2つの普遍的な土台が
あってこそ、市場のニーズに応じて新しいテクノロジーを次々に開発し、
実装することが可能です。実際に毎年春と秋の2回は必ずお客様のお
役に立つ新機能を追加してきました。こうして IT プラットフォームのモダ
ナイゼーションをいち早く実現してきたことが、IBM i の強みであり、お
客様からも高いご満足をいただいる要因なのだと考えています。

**── IBM Power Virtual Server が登場し、IBM i が IBM Cloud 上
で利用できるようになったことも、そうしたモダナイゼーションを見据え
た取り組みの一環として捉えてよさそうですね（P106 図表 I-1 参照）。
その後、クラウドシフトは進んでいますか？**

原：おかげさまで順調に進んでいます。単純なクラウドシフトだけでな

く、オンプレミスとクラウドを適材適所で組み合わせたハイブリッドクラウドなど、お客様ごとに多種多様な活用形態が見られます。

なお、先に述べたとおり、IBM i のアプリケーション・プログラムやデータベースは、バックアップ－リストアの手順で簡単に別のサーバーに移動できる卓越した後方互換性とポータビリティを持つため、クラウドへのリフトも簡単です。

図表 I-1：IBM Power Virtual Server とは

IBM Power Virtual Server は、
IBM がオフィシャルに提供するグローバル標準の本格クラウド。

米国では 2019 年からサービス提供開始されており、日本国内では東京リージョンが
2020 年 10 月、大阪リージョンが 2021 年 3 月にサービス提供が開始されています。
IBM Power Virtual Server は、IBM Cloud 上の Power VM による仮想化で設けた
専用区画を利用する形で提供され、仕様はオンプレスの IBM Power と同じです。
IBM Power Virtual Server の登場により、ようやく IBM i ユーザーもクラウドネイティブ
な世界への旅路の一歩を踏み出せるようになりました

① 月の使用時間に応じた課金体系
② 柔軟にリソースの増減が可能
③ 可能性と信頼性の高い安全なクラウド

企業の成長・環境変化に対して
スピーディーに対応可能となる
唯一の、IBM i（AS/400）クラウド

https://www.ibm.com/products/power-virtual-server

最新リリースの 3 世代先までのロードマップを公開

── IBM i に対して、今後どのような取り組みをされていくのでしょうか。

原：グローバルの観点からも IBM i は IBM の戦略製品であるため、

将来の更改計画を長期的に立案していただけるよう、最新リリースの3世代先までリリース・サポート計画を公開しています（図表 I-2・I-3 参照）。現在リリースされている OS の後継バージョンとして、IBM i NEXT、IBM i Next+1 のように記載されています。プロセッサーも同様に、2世代先を見越して CPU を開発しています。

図表 I-2：IBM i サポート・ロードマップ

IBM i は、IBM の戦略製品です。将来の更改計画を長期的にご立案いただけるよう、最新リリースの3世代先のリリース・サポート計画（ロードマップ）を公開していきます。公開している部分は、長期 IBM i 開発計画の一部です。今後も随時、ロードマップの公開範囲をより未来に広げていきます。

図表 I-3：Power プロセッサーロードマップ

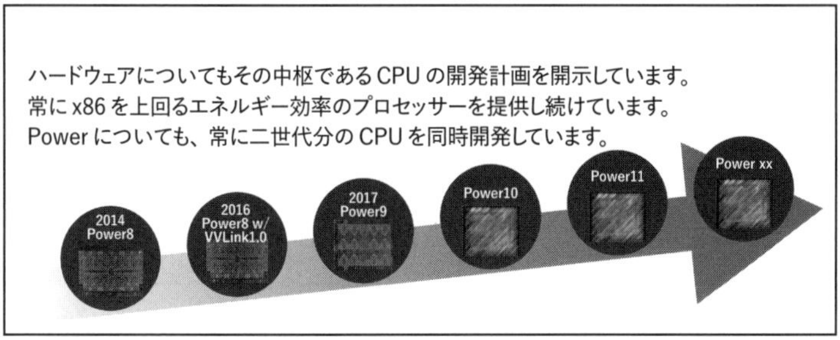

ハードウェアについてもその中枢である CPU の開発計画を開示しています。常に x86 を上回るエネルギー効率のプロセッサーを提供し続けています。Power についても、常に二世代分の CPU を同時開発しています。

久野：私どもはご提示しているロードマップに基づいて、さまざまな技術開発を進めていきます。データベースにおける SQL 命令の強化、OS やミドルウェアへの AI テクノロジーの実装を進めるほか、システム間連携では、.NET や JDBC に加え、REST API、JSON といった接続方式など、新たにデファクト化しているプロトコルや接続方式への対応も強化していきます。

また開発者の生産性向上支援も続けていきます。生産性の向上には使いやすい、または、IBM i 以外の開発でもデファクト化している開発手法を取り入れられることが重要です。具体的には Rational Developer for i や IBM Engineering Workflow Management（旧 Rational Team Concert）、最近では Merlin といった IDE（統合開発環境）を提供してきましたが、今後はお客様が志向する開発スタイルに合わせて IBM i が寄り添っていく方針を打ち出しています。例えば、JIRA や GIT、Visual Studio Code、Jenkins といったオープンソースソフトウェアと組み合わせて、上流のチケット管理やコードのバージョン管理、CI/CD までカバーできるよう選択肢を増やしていきます。

運用面でも従来の 5250 画面（グリーンスクリーン）のみならず、Web ベースのツールである Navigator for i をはじめ、Linux ユーザーにお馴染みの Bash や Ansible にも対応し、生産性の向上を図っていきます。

もちろん、セキュリティ対策も非常に重要なポイントです。さまざまな

サイバー脅威によって企業システムや公共インフラ、さらにはクラウドサービス事業者までが被害を受けている状況です。リスクやインシデントを回避した事例が数多く示されていることからも、IBM Power と IBM i の組み合わせは最強のセキュリティを有していると自負していますが、ここで立ち止まるわけにはいきません。攻撃側のハッキング能力の高度化に合わせて、セキュリティ機能をさらに強化していきます。

　その他にも外部プログラムから簡単に IBM i 機能を呼び出せるサービスや、IBM i 上で稼働するオープンソースソフトウェアの品揃えなども拡充していきます。

―― 国内に向けた取り組みはいかがでしょうか。

原：国内に向けてやらなければならないことは、IBM POWER8 サーバーの EOS（保守サービス終了）を迎えたお客様へのメッセージ発信です。

　IBM POWER9 サーバーや IBM Power10 サーバーに移行するのか、それともクラウド上の Power に移行すべきかといった選択を迫られる中で、今後の IBM i の活用に関して、不安や危機感を抱いている経営者がおられるのも事実です。そうした経営者の方に向けての情報発信や個別の企業とのコミュニケーションなど、今このタイミングで IBM i に関してメーカーが果たすべき役割は重要です。前述のロードマップを丁寧に説明するとともに、現有の資産を有効活用しつつテクノロジーのモダナイゼーションを実現できること、ひいては IBM i を活用することで簡単に DX を推進できることをしっかり訴え、お客様のチャレンジに寄り添っていきます。

日本 IBM が今後に向けて強化していく支援内容

―― IT プラットフォームはハードウェアや OS を調達すれば終わりでなく、そのうえで各社それぞれのアプリケーションを動かす必要があり、特に基幹システムについては安定的に業務を継続していく組織体制を作っていくことも重要となります。そうした観点から企業が IBM i を使いこなしていくために、どのような支援を行っていくのでしょうか。

原：急務となっているのは、人材の育成や確保といった面での支援です。お客様の中には、30 年以上前に RPG III で開発したアプリケーションが、ほぼそのままの形で動いているケースもあります。当然、開発を主導した当時の人材はほとんど残っておらず、新たな技術者の補充が不可欠であり、IBM では人材育成や技術者紹介などの支援を行ってきました。近年の IBM i には ODBC/JDBC/ANSI 規格の SQL といっ

たオープンスタンダードのデータベースアクセス機能のほか、REST API と JSON を標準装備していますので、RPG をご存知の方だけでなく、他言語の技術者の方も IBM i のアプリケーション保守に参画いただけるので、育成・紹介も容易になっています。

　また、新たなアプローチとしては、生成系 AI の活用も検討しています。RPG や COBOL といった言語は、Java や C などの汎用言語と違ってもともと事務処理を行うために最適化されて生み出された経緯があり、業務プロセスの 1 ステップがプログラムコードの 1 ステップと対応しているため、生成系 AI に読み込ませる際にも学習がしやすいのです。この特徴を活かすことで、例えばユーザーが求める新機能の内容を自然言語で入力すると自動的にソースコードが生成されるなど、RPG や COBOL をご存じではない技術者への AI による支援が、他言語よりも速いスピードで発展すると期待しています。そうすると、IBM i 未経験の技術者もさらに IBM i の基幹システムを活かした開発に関わりやすくなります。

　加えて、IBM i 上の既存資産を活かしながら IT プラットフォームのモダナイゼーションを目指すお客様に向けても、さまざまなツールをはじめ、最新技術情報、ユースケース情報を提供するとともに、ソフトウェア開発会社など IBM のビジネスパートナーと連携した多様なサポートサービスを提供しています。またプラスアルファとして、IBM i のユーザー

コミュニティもお客様にとっての貴重な情報交換や技術習得の場になると考えており、そこへの参加や活動についてもしっかり支援させていただきます。

―― **すでにロードマップのご紹介もいただきましたが、長期的視点に立った IBM i の製品提供について、改めて計画を教えてください。**

久野： 先に述べたロードマップの補足として、ハードウェアについてもその中枢である Power プロセッサーの開発計画を開示しています。IBM では Windows や Linux の x86 アーキテクチャーを上回るエネルギー効率の CPU を提供し続けており、常に 2 世代分の同時開発を進めています。

　ここで強く申しておきたいのは、これらの**製品ロードマップは IBM としてのコミットであり、これまでもその約束を確実に守ってきた**ことです。現時点で示している IBM i のサポート・ロードマップは 2037 年までですが、そもそもこのロードマップはお客様に長期的なバージョンアップ計画をご立案いただくために公開しているものであり、ロードマップの右端に記載された年度が IBM i という製品そのものの提供終了時期を意味しているものではありません。IBM は、IBM i の提供・サポートの終了を予定していません。例えば、Windows や Linux では超長期

にわたるサポート・ロードマップを IBM i のようには公開していません
が、だからといって、それらの OS に未来がないとは、どなたもお考
えにならないですよね。

　お客様のお役に立つであろうと考えて公開しているロードマップで
すが、それが逆に提供期限との誤解を招いているのは残念なことです。
とはいえ、このロードマップを自社のバージョンアップ計画のご参考に
していただいているお客様は世界中に多数いらっしゃいますので、公
開を継続してまいりますし、当然その先のロードマップについても随時
更新し、公開範囲をより未来に広げていきます。

**── すでに IBM i を利用されている企業の経営者と、これから IBM i
での開発や運用に携わっていこうとされている方々に向けて、それぞ
れ最後に一言お願いします。**

原：経営者のみなさんに向けては、先の発言の続きとなりますが、
IBM i はコミットを一方的に破棄して突然製品の新規リリースを停止す
るといったことは絶対にありません。IBM i は、IBM の戦略製品であり、
製品開発に投資し続けます。他社の IT 製品のロードマップに翻弄さ
れてきた経験をお持ちのお客様も、どうかこの点についてはご安心く
ださい。時代がどのように変化しても、常に業界の最先端を走り続け

てきた持続性・継続性こそが IBM i の DNA です。

　思い起こせば、リレーショナル・データベースやストレージ、LPAR（論理分割）方式の仮想化、データ保護など、IBM が他社に先駆けて開発し、IBM Power サーバーならびに IBM i 上に実装してきた技術の多くが、いまや標準となって世の中に定着しています。同様に IBM i を通じて今後提供する多くの技術やサービスも、新たな標準として定着していくと考えられます。その意味でも IBM i を採用することは、投資の保護につながるのです。

久野：これから IBM i での開発や運用に携わる方々に向けては、「おめでとうございます」という言葉を贈りたいと思います。みなさんは、最強の IT プラットフォームを手に入れられたのですから。ビジネス上で浮かんでくるさまざまなアイデアを、IBM i であれば強固なセキュリティを担保した上で、アプリケーションに迅速に反映し、具現化することができます。その経験と実績、磨かれたスキルは、みなさんの IT エンジニアとしての生涯のキャリア形成に必ず役立つと確信しています。IBM は、IBM i の技術者拡大にも責任を持って取り組んでいきますので、仲間が増えいくことにもご期待ください。

　IBM は、IBM i ユーザー様の DX 支援を継続していきます。弊社ならびにパートナー各社様主催のイベントやユーザーコミュニティを通じて、弊社のテクニカルメンバーと交流いただければありがたいです。

—— 本日は IBM i の未来に向けた力強いお言葉をありがとうございました。

（左）日本アイ・ビー・エム株式会社
理事テクノロジー事業本部 IBM Power 事業部事業部長

原 寛世氏

（右）日本アイ・ビー・エム株式会社
テクノロジー事業本部 IBM Power 事業部

IBM i カスタマーサクセスアドバイザー

久野 朗氏

第五章

なぜ多くの企業で
脱 IBM i が試みられ失敗するのか?

「オープン系」というマジック・ワード

　IBM i を有効活用している企業がある一方で、脱 IBM i 化を目指す企業もあります。まだ IBM i を使いつつも、脱 IBM i 化の前提で IBM i 関連の投資をストップしている企業も見受けられます。しかし、脱 IBM i 化を目指してプロジェクトを立ち上げたものの、途中で頓挫してしまう企業がいるのも事実です。私たちは IBM i を効果的に活用しながら新しい取り組みを提案していますが、脱 IBM i 化を検討する企業の気持ちも理解しています。

　脱 IBM i を図る際によく出される号令が、「システムをオープン化せよ」というものです。脱 IBM i を検討したくなる理由の 1 つとして、IBM i という名前自体にベンダーロックイン感があるため、その対極にある「オープン」という言葉はとても魅力的に聞こえます。しかし、「オープン」への移行を試みる企業の中で、IBM i から完全に移行して成功している例は多くありません。これは「オープン」の定義が曖昧で、本来のゴールを見失いがちだからです。

　そこで、「オープン」という言葉について深掘りしてみましょう。IT 業界では、「オープン」は主に 2 つの意味合いで使われます。1 つ目は「選択肢が豊富である」という意味、2 つ目は「ソースコードが公開されている」という意味です。前述した「システムをオープン化せよ」は、1 つ目の意

味合いで使われています。選択肢が無限大にあることは必ずしも重要ではなく、むしろ常に複数の選択肢が存在する状況が望ましいのです。

では、IBM i は本当にオープンではないのでしょうか?

「OS 自体はクローズドだけど、OS 上で動作するアプリケーションや DB アクセス、API アクセスはオープンである」が答えとなります。

AS/400 が登場した 1988 年頃に比べると、IBM i 上で動作するテクノロジーは多様化し、API 連携をはじめ連携技術の選択肢も増えています。データベース処理の基本言語である SQL に対応しているだけでなく、PHP や Python、Java などのプログラミング言語も IBM i 上での実行が可能です。さらに、これらの新しい言語だけでなく、従来の RPG や COBOL なども選択できることが IBM i の真のオープン性と言えるでしょう。

このように「オープン」の定義はさまざまですが、一般的には「IBM i =オープン」とは認識されていません。IBM i に深く関わっている人たちにとっては、IBM i はむしろ「クローズ」な存在として扱われています。これは IBM への依存感からくるものだと思われます。

次節では、IBM i ユーザーが、「なぜ脱 IBM i 化を検討したくなるのか」について、さらに詳しく見ていきたいと思います。

脱 IBM i のきっかけと動機

なぜ、「IBM i をやめよう」と考えるのでしょうか。

経営陣が「IBM i からの脱却」を模索する理由はさまざまですが、主な要因は次の 3 つに集約されます。

① IBM というメーカーにベンダーロックインされている

② IBM i という技術が正体不明でブラックボックス化している

③（企業によっては）特定社員へ依存している

① IBM というメーカーにベンダーロックインされている

IBM i は、その名のとおり IBM が提供する製品です。この製品名を見聞きするだけで、企業経営の重要な部分が IBM に依存しているように感じられるかもしれません。そうなると、「もし IBM がこの製品をある日突然やめたら、うちのシステムはどうなるのだろうか？」「もし IBM が大幅に値上げしたら、言われるがまま支払い続けないといけないのだろうか？」と、不安が頭をよぎります。

仮に Apple が提供する macOS がなくなったとしても、Apple の熱狂的なファンを除けば、「Windows に切り替えればいい」と多くの人は考えるでしょう。データ移行は 1 日もあれば可能ですし、主要なア

プリケーションは Windows でも利用できるからです。iPhone との同期ができなくなるという不便さは感じるかもしれませんが、それが命取りになるわけではありません。

しかし、業務で最も重要なシステムを動かす OS となると、その影響度は大きく異なります。システムが正常に動作しなければ業務処理ができなくなってしまいますし、生産システムが止まれば製造や出荷もできず、在庫照会もまともに行えなくなります。さらに、経理処理にも影響が出ます。

もちろん、IBM i と同じようなシステムを他の技術を使って構築することは可能ですが、それを構築・維持するための優秀な情報システム担当者やシステム会社を探さなければなりません。それには時間と費用がかかりますし、新たなシステムを構築するための費用や時間は見積もりにくいです。その不確実性が、IBM i からの脱却を考え始める一因となります。

② IBM i という技術が正体不明でブラックボックス化している

デジタル戦略を考える際に、IBM i というテクノロジーを理解することは容易ではありません。正体がつかみづらいテクノロジーは、利用することに対する恐怖心を生むことにつながってしまうのも自然なことでしょう。

さらに言えば、IBM i は Windows や macOS と同様に OS の一種ですが、他の OS にはないデータベースやプログラムの実行環境など、さまざまな機能が組み込まれています。そのため、単純比較だけでは IBM i の全貌を理解にするのは不十分で、その正体をつかむことが難しくなります。

③（企業によっては）特定社員へ依存している

長年にわたり企業の基幹システムのコアを作ってきた人たちが高齢化しており、IBM i を基幹システムのコア技術として継続的に利用する体制を整えられていない企業が多いことも一因でしょう。

これらの要因が積み重なり、「IBM i を使い続けるのはやめた方がいいのでは?」という風潮が社内に生まれ、IBM i からの脱却が検討されます（P122 図表 5-1 参照）。しかし、IBM i のようなシステムを改めて構築するとなると、数億円から数十億円のコストがかかるのが一般的です。IT ベンダーにとって、この再構築の提案を受注することは大きなビジネスチャンスとなります。そのため、時折、誇張されたネガティブ情報が流布され、脱 IBM i の動きを一層加速させることがあります。

図表 5-1：IBM i から他プラットフォームへの移行

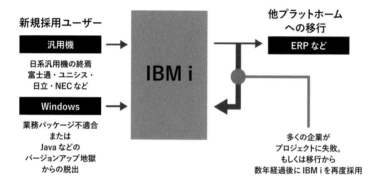

しかし、いかなる OS を選択しても完璧な答えなど存在しません。どのプロダクトやテクノロジーを選んでもリスクはつきものだからです。それゆえ、リスクを理解し、その影響を最小限に抑えることが重要です。

この観点から見ると、日々お会いする情報システム担当者の中にはIBM i のテクノロジーに魅了されている方も多く、「こんなによくできた製品は他にない」とおっしゃられるほどです。とはいえ、CIO でも経営陣に IBM i の必要性を理解してもらうのは困難です。情報システム部が十分に機能している企業でも、定期的に役員会で「AS/400 を使い続けて大丈夫なのか!」という声が上がり、その説得が大変だという話を何人かの CIO から聞いたことがあるほどです。

そうした状況を踏まえて多くの企業は IBM i を引き続き利用していま

すが、経営者がさまざまな経営戦略との関わりの中で、脱 IBM i プロジェクトを実行に移される企業も一定数存在するのが現状です。

大企業が IBM i から脱却する最大の障壁

　IBM i を基幹システムのインフラとして採用してきた企業の中には、IBM i からの脱却を試みたものの、残念ながら頓挫したケースがいくつかあります。ある企業での 100 億円以上の多額の損失を計上したプロジェクトや、ある業界最大手のメーカーのプロジェクトがその一例です。さらに、一部の企業は国産 ERP パッケージに移行しましたが、結局は IBM i に戻ってきたプロジェクトもいくつかあります。

　そもそも基幹再構築プロジェクトは、IBM i に限らず非常に困難なものです。今回の執筆にあたり、IBM i からの脱却を試みたが失敗に終わった事例を調査しました。その結果、脱 IBM i プロジェクト特有の問題が明らかになりました。それがパフォーマンスです。

　業界大手のスーパーマーケットを展開する企業では、夜間にバッチ処理を実行しています。大手と言うだけあって毎日の取引数は相当数であり、事前調査の段階で IBM i だからこそ現在の高負荷な処理を実現できているという事実に突き当たりました。そのため、他のプラットフォームに移行すると夜間処理が終わらなくなる可能性があるという

理由から、IBM i からの脱却は見送られました。

　このケースでは事前に判断されたため大事には至りませんでしたが、移行プロジェクトの途中で問題が発覚するケースも多くあります。また別の企業のプロジェクトでは、IBM i のデータベースをデータベースアプライアンスに移行しようとしたものの、パフォーマンスが全く出なかったため、新しく作り始めたシステムと IBM i が併存する形になり、さらなるコストがかかる結果となりました。

　私たちは IBM i のパフォーマンスの優れた点は理解していましたが、これほどまでに圧倒的だとは予想外でした。パフォーマンスの良さを謳うデータベース・テクノロジーやハードウェア・テクノロジーは数多く存在するものの、とりわけ IBM i の優位性は顕著です。最近ではインメモリー・データベースが増えていますが、それでも IBM i のパフォーマンスは圧倒的で、4 倍近く速いと聞いたことがあります。

　この本を読まれている方の中に脱 IBM i を検討中の方がいらっしゃれば、パフォーマンス評価を早い段階で行うことをおすすめします。CPU の性能向上や、インメモリー・データベースをはじめ新しいテクノロジーの登場により、IBM i のパフォーマンスの優位性は低下しているように感じられるかもしれません。しかし、IBM i のパフォーマンスの高さは今でも重要な差別化ポイントであることが、いくつかの企業のお話を伺って明らかになりました。

ERPパッケージから IBM i に再帰する
一番多いパターン

　前述のとおり、IBM i から他のシステムへの移行を試みた企業の中には、プロジェクトが途中で頓挫し、結果として再び IBM i に戻るケースが見受けられます。特に、日系の ERP から IBM i に戻るケースが多いです。こうしたケースは、移行先の ERP パッケージの提供ベンダーと企業との関係性から、情報があまり公にならないものの、私たちが把握している範囲でも複数のケースが存在します。

　このような事態が起こる主な理由は、想定外のコストが発生するからです。具体的には、バージョンアップやカスタマイズに伴うコストが予想以上にかかり、その結果として元の IBM i の仕組みに戻すというケースが多いです。

　ERP パッケージを効果的に活用するためのポイントとして、「カスタマイズをしないこと」がよく言われます。ERP パッケージはカスタマイズ可能ではありますが、一度カスタマイズを行うと、それに伴うコストが増加する傾向にあります。しかし、多くの日本企業は ERP 導入時にカスタマイズを行っているのが現状です。

　カスタマイズを行うと、最初のタイミングだけでなくバージョンアップ時の費用や保守費用も増加します。これらは、脱 IBM i プロジェクトを

始めた頃には見込まれていなかったコストなので、全体コストの増加につながることとなります。

結局のところ、ERP パッケージを導入する際は、システムを完全に合わせることが重要です。ただし、ERP パッケージに移行する場合、独自の特徴や強みを犠牲にすることになります。他社との差別化や個性的なサービス提供には、独自のシステムやプロセスが必要です。そのため、ERP パッケージへの移行は、企業にとって難しい選択となります。このような理由から、再び IBM i に戻るケースが多く見られるのです。

脱 IBM i プロジェクト失敗とその影響

欧米と比べて現場のボトムアップが強いと言われる日本では、脱IBM i プロジェクトが失敗するケースが多いようです。一度失敗すると、企業の雰囲気が悪化し、IBM i を効果的に活用するための状態に戻すことが困難になります。

プロジェクトが泥沼化した企業は、業界内でも有名になりがちです。例えば、「A社の話がきても、遠慮した方がよい」という声が上がり、ベンダーが関与を避けるケースが見受けられます。

特に昨今は、ビジネス要件が急速に変化し、要件定義をきちんと行

い、その後に外部設計、内部設計を行っていくというウォーターフォール型のプロジェクトとは日に日に相性が悪くなっています。このような状況を踏まえて、**IBM i 上で稼働する既存のアプリケーションやデータベースを効果的に活用し、アジャイル的に必要なことをクイックに精査することが重要です。**繰り返しになりますが、IBM i が全ての企業に適しているわけではありません。だからこそ、IBM i を効果的に活用する方法を検討し、そのうえで次のステップに進むことをおすすめします。

第六章

今の時代にこそ利用すべき IBM i

ビジネスの成否を左右する IT システムの選択

　ビジネスを行う上で、IT は欠かせない存在です。むしろ、IT の戦略的な活用がビジネスの成長に大きな影響を与えることがあります。2000 年前後から PC やインターネットが広まり、さらに 2010 年頃からスマートフォンが普及したことで、IT はますます身近な存在となりました。その結果、多くの方々が 1 日の大半を PC（IT）と向き合う時間に割いているのではないでしょうか。

　IT 業界では、複数のベンダーや製品が組み合わさって 1 つのシステムが構築されることがあり、これが IT 人材に大きな負担をかけることがあります。製品の相性問題や多数のベンダーが参画することで生じる調整事項、さらにはベンダーの利害関係という要素が絡むため、プロジェクトに関わる全員が必ずしも同じ方向に向かって進むとは限りません。ベンダーはそれぞれが独立した企業であり、自社の利益を最優先するからです。

　これは市場経済においては当然のことです。それぞれの製品は優れているかもしれませんが、最終的なユーザーであるお客様にとって最良のチーム（複数ベンダーの担当者の集まり）が組まれていないプロジェクトでは、特定の人に負荷がかかるなど、問題が発生する可能性が高くなる傾向にあります。複数のベンダーを束ねてプロジェクトを

立ち上げ、進めていくことは、IT システムの常識です。とりわけ多数
派の x86 アーキテクチャーが分散型の仕組みであり、ベンダーも同様
に分散しているため、このような状況が生じやすいのです。

その一方で、IBM i のユーザーは、IT システム (= IBM i) のメリッ
トである運用容易性を享受しています。ハードウェアの更新プロジェク
トも、ほとんどの場合は土日の 2 日間で入れ替え作業が完了します。
入れ替え後の新ハードウェアでの業務本稼働も、問題が発生すること
はほとんどありません。もちろん、軽微な問題が生じることはあります
が、旧ハードウェアに戻す必要があるようなクリティカルな障害に至る
ケースは聞いたことがありません。

それを踏まえると、**IBM i は手のかからない IT システム**と言えるで
しょう。ハードウェアの更新や入れ替え後の新ハードウェアでの稼働も、
問題が発生することはほとんどありません。場合によっては、IBM i の
エンドユーザーは、ハードウェアを更新したことにさえ気づかないこと
もあります。コストをかけてハードウェアを新調した価値がないと思わ
れるかもしれませんが、ハードウェアを更新する理由はハードウェアベ
ンダーの都合に他なりません。ですから、ユーザーが気づかないくら
いが本来は正しいのです。

IBM i は、ハードウェアの更新や OS のバージョンアップを実施して
も、データベースは容易かつ安全に新ハードウェア上の最新 OS バー

ジョンに移行できます。アプリケーションを構成するプログラムも同様です。もちろん、物理サーバーの老朽化は避けられませんが、物理サーバーは定期的な更新を前提に、ユーザーへの影響を最小限に抑えるための取り組みが行われています。その実現のための仕組みが TIMI（P48 図表 1-2 参照）という仮想化機能であり、オールインワンという提供方針です。

翻って x86 環境では、ハードウェアが変わると OS から上のレイヤーが軒並み影響を受けるので、業務が変わらなくても IT システムを構成している製品の一部ないし、ほとんどを作り直す必要性があります。そのため、ユーザーが変化を知らざるを得ないのが実態だと私たちは考えています。

どんなに手軽であっても、企業で用いられる IT システムは誰もが簡単に扱えるものではありません。IBM i であっても、専門知識を持ったエンジニアが必要です。とはいえ、少子高齢化が進み人材確保が難しい状況の中で、複雑なプロジェクトを担当する IT 専任者を十分に確保できる企業はどれだけあるでしょうか。人材確保がますます困難になることは、誰もが認める事実です。それだけに、基本的な IT システム（基幹システム）のハードウェア老朽化への対応に、どれだけの労力をかけられるかを考える必要があります。業務が急速に変化するわけではない中で、主要な業務、すなわち基幹業務を担う IT システ

ムができる限り手間をかけずに運用できることは、これからの時代は特に重要です（図表 6-1 参照）。

図表 6-1：IBM i と x86 における異同点

ビジネスに最適化され、資産継承性が高いアーキテクチャーの IBM i
= 最小限のワークロードで移行でき、DX も取り組みやすい

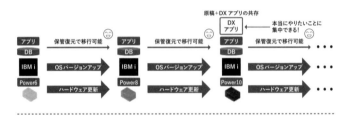

汎用性で自由度が高い。一方で、複雑化しやすい x86 環境
= 更新 / 移行のたびに多くのワークロードが必要

その点において、IBM i の担当者は IBM i 以外の業務にも時間を割くことができます。なぜなら、IBM i はオールインワンなので、製品選定は限られた領域にとどまるからです。さらに、非常に安定していることから、運用中の突発的な対応が必要ないこと、そして高い資産継承性を有していて、既存のデータベースやプログラムをいとも簡単に

新環境に移行できることも理由として挙げられます。

　基幹システムの担当者が既存のシステム運用に忙殺されてしまうと、新しい IT を活用したビジネスチャレンジの機会を逸することになります。**従来から安定しており、長期的な資産継承性も実績がある IBM i の利用は、ビジネス戦略において必要不可欠な人的リソースを確保するための手段となります。**

クラウドでいつでも IBM i が利用可能な時代に

　IBM i が稼働する環境は、IBM Power サーバーのみとなります。IBM Power は、IBM が長年提供してきた Power という CPU を搭載したサーバーモデルです。この Power チップは、かつて派生版の PowerPC が Apple 社の Macintosh や、ゲーム機の PlayStation 3、Xbox 360、Wii U などに採用されるなど、IBM 製品以外にも利用されていました。しかし現在は、ほとんどが IBM Power サーバー向けとなっています。

　一方、x86 アーキテクチャーはインテル社の CPU がベースで、互換 CPU として、AMD 社製の CPU も存在します。x86 チップはコンシューマー向けにも広く販売されているので、誰でも容易に入手可能です。残念ながら IBM i は x86CPU では稼働せず、Power チップが必要と

なります。この Power チップは x86 チップのように一般販売されていないため、入手は困難です。IBM i を試すには、IBM から、もしくは IBM のビジネスパートナーから購入しなければなりません。このような制約は、長年にわたって IBM i の認知を広めるためのハードルとなってきました。

しかし、今や誰でも気軽に IBM i を試せる時代がやってきたのです。2019 年に IBM Cloud で、IBM Power Virtual Server（以下、PVS）という IBM 純正のクラウドサービスが開始されました。アメリカのデータセンターを皮切りに、2020 年には東京データセンター、2021 年には大阪データセンターでもサービスが開始されています。

PVS は IaaS(Infrastructure as a Service)のパブリッククラウドサービスで、IBM Cloud を利用するための IBM ID というアカウント（メールアドレス）を登録すれば、誰でも利用可能です。1 時間単位で課金され、必要なときにオーダーして、不要になれば削除するという完全従量課金です。費用はリソース（CPU、メモリー、ストレージ）の量に比例し、2024 年 5 月時点の最小スペック（0.25 コア、2GB メモリー、100GB ストレージ）の場合は、1 時間あたり 100 円もかかりません。

これまで気軽に触れることのできなかった IBM i を IBM 自身がクラウドサービスとして提供し、使った分だけの支払いで、IBM が管理・運用する安心の環境で気軽に利用できるようになりました。

IBM Cloud で IBM i が使える PVS。
実績とよくある誤解

　2019 年に登場した PVS は、当初は利用できる地域が限られ、な
おかつ機能が段階的にリリースされていく状況であったため、多くの
企業が様子見の状態でした。しかし、5 年後の 2024 年時点では、世
界中のデータセンターで PVS が提供され、機能的にも必要十分な状
態へと進化。特に、クラウド環境ならではの仮想化機能が強化され、
オンプレミス環境では難しかった大規模なデータ処理や高度なセキュ
リティ対策が可能になりました。これにより、**PVS のメリットに気づい
た多くの企業が利用し、その 8 割以上が本番環境で採用**しています。

　地域別では IBM の本国であるアメリカが最も多く、次いで日本が
続いています。日本における採用実績を見ると、売上規模は数億円か
ら 1 兆円規模まで幅広く、製造業、金融業、運輸倉庫業、情報通信業、
流通卸業など、基幹システムが止まると業務停止に直結する業種での
利用が増加傾向にありました。これは、IBM i のクラウド化が本格的
に軌道に乗り始めたことを示唆しています。

　また、PVS ユーザーの多くが本番環境としてクラウドを採用しており、
クラウド化を検討する際の重要なポイントとして、ネットワークが挙げら
れます。サーバー環境自体はオンプレミスと同様の機器が用いられて

いますが、お客様拠点とクラウドを接続するネットワークは新たなインフラとなります。特に、基幹業務を担うシステムをクラウド化する際には、要件を整理し、最適なネットワークを構築することが重要です。

　ネットワークと一口に言っても、専用線で既存閉域網と接続する場合もあれば、インターネット VPN 接続を利用する場合もあります。要件によっては、専用線とインターネット VPN のハイブリッド構成や、クラウドの接続点を東京と大阪で分けて災害対策を考慮するケースなど、選択肢は多岐にわたるため、オーダーメイドとなる領域です。それゆえ、「ネットワークを制するものはクラウドを制す」と言っても過言ではありません。ネットワークが構築できれば、PVS のある IBM Cloud の環境は、各企業の新たなデータセンターとしてさらに活用することができます。

　また、IBM i ユーザーの多くは周辺サーバーとして x86 環境を使っています。IBM Cloud では、IBM i が稼働する PVS と、Windows や Linux、VMware が稼働する x86 環境の両方のサービスがあります。IBM i 以外にも Windows 環境などがあれば、まとめて IBM Cloud に移行が可能です。加えて、IBM Cloud をはじめ、AWS や Azure などの複数のクラウドサービスと接続してマルチクラウド的な使い方をするパターンもあります。

　いくらネットワークが重要とはいえ、最大の関心事は価格でしょ

う。私たちの経験上、PVS は価格面でオンプレミスと比較して大差ないことが多く、クラウドのメリットを評価して採用されています。クラウドのメリットとしては、ハードウェア更新からの解放、Windows 環境も周辺ですぐに作れる、障害・災害・メンテナンスに強い環境が作れる、CO_2 排出量も少なくなるといった点が挙げられます。さらにオンプレミスでは、データセンターなどのファシリティ費用など、IBM i を稼働させるために周辺で多くの費用がかかることが多く、トータルで見ると、費用的にも PVS が優位になるケースもあります。

　PVS の普及に向けた課題は、一部で生じている誤解の解消です。例えば、「PVS は本番環境としてはまだ使えない」ということをよく耳にします。しかし、私たちが把握している範囲では、8割以上の企業が本番環境で PVS を利用していますので、これは誤った認識と言えます。その他にも以下のような誤解が見受けられます。

- 急に停止するトラブルがあるからやめた方がいい
- ネットワークを含めると非常に高額になる
- IBM のサポートのレスポンスが悪い
- 構築費用が劇的に高い
- 一次言語が英語でしか使えない

　繰り返しになりますが、ここで列挙したものは全て誤解です。IT 業界では、どうしてもポジショントークがベンダーごとにあるのでやむを得ないことですが、IBM i ユーザーの選択肢の幅を広げるためにも、こうした誤解を解消していくことが望ましいのではないかと考えています。

SDGs の観点から見た超高効率な IBM i

　SDGs を達成するためには、企業の積極的な取り組みが不可欠です。つまり、持続可能な社会の実現には、あらゆる企業が高いレベルで社会的責任を果たす必要があります。

　CPU のコア数は、SDGs の観点から見ると非常に重要です。**CPU は大量の電力を消費し、それは温室効果ガスの排出に直結します。したがって、自社でオンプレミスの物理サーバーを所有して運用することは、温室効果ガス排出の責任を持つことを意味します。**

　当社では、PVS の活用支援サービスに注力しており、日本でトップクラスの運用実績を誇っています。本番環境での運用において、PVS の最低スペックである CPU0.25 コアでも問題なく動作するケースが多いです。この 0.25 コアだけで、OS の基本部分からデータベース、アプリケーション、運用管理、バックアップなど、あらゆる基幹業務機能がハイパフォーマンスで動作します。これは、オールインワンの思想と、

仮想化機能のなせる技です。

一方、IBM Power で稼働する AIX（IBM が開発・提供する UNIX）の場合は、多くの CPU やリソースを必要とします。IT ベンダーとしては、より多くのリソースが必要になることはビジネス的には喜ばしいことですが、地球の将来を考えると、より効率的な資源利用が必要だと考えます。

その解決策として、超高効率の IT プラットフォームである IBM i を活用することが挙げられます。自社で物理資源を持たずに IBM Cloud の PVS を利用することで、経済全体での IT 資源利用の最適化を図ることが可能です。

オープンソースとレガシーのハイブリッド開発基盤

IBM i は、データベース（帳票）操作や簿記のような計算に特化した基幹システムとしてのイメージが強いかもしれません。そのため、現代の業務を支えるには不十分だと感じる方もいらっしゃるでしょう。しかし、この基幹業務と呼ばれる企業活動のベース部分は、AS/400 から継承され、長年にわたり多くのユーザー企業のビジネスを支えてきました。これは IBM i が最も得意とする領域であり、間違いではありません。

IBM i はビジネス用途特化型アーキテクチャーとして、AS/400 の特

性を継承しながら、時代のニーズに応じて機能を拡張し、進化を続けています。現在は、Linuxと同等のレベルでオープンソースソフトウェアを稼働させることが可能です。例えば、生成AIで用いられているPythonや、Web系の開発で利用されるNode.jsなどがあります。

また、開発ツールについても、IBM純正のツールだけでなく、Microsoft社のVisual Studio Code（VS Code）を使ってIBM i専用言語であるRPGの開発ができます。AS/400時代から利用しているユーザーが多く、資産継承性が高いため、プログラミング言語や開発環境を強制的に変える必要性はありません。しかし、IBM iの情報が従来からある仕組みに依存しているため、レガシーなアーキテクチャーだと誤解されることがあります。

他のプラットフォーム、例えばWindowsの場合は、バージョンアップによりアプリケーションが非互換になる可能性があり、Javaの場合は定期的なバージョンアップと非互換対応の改修が発生するのが一般的です。それに対してIBM iはユーザーの利便性を考慮し、一度作った仕組みをユーザー都合（業務都合）で変える必要がある場合以外は変えなくてもいいように、**高度な仮想化機能を実装し、他のプラットフォームでは不可能な資産継承製を実現しています。**

したがって、IBM iはレガシーなシステムではなく、レガシー資産を活用しつつ、最新のオープンソースも統合して同じOS環境で利用で

きるハイブリッドな基幹システムと言えます。さらに、超安定システム
のため、システム運用に忙殺されることなく新しいビジネスチャレンジ
に取り組むことも可能です。そして、SDGs の観点からも、IBM i を使
うだけで地球環境に貢献できるということを認識していただきたいと思
います。

【インタビュー：株式会社フェリシモ】
フェリシモが推進する全社システムの
アーキテクチャー変革

　ではここからは、IBM i を基盤とする基幹システムを長年にわたって
運用してきた企業、フェリシモの一例をご紹介していきたいと思います。
フェリシモは、ダイレクトマーケティングを柱としたビジネスモデルのも
と、Web やカタログを通じてオリジナル商品を販売しています。しかし、
密結合で構築されたシステムは、変更に対して小回りが利かないなど
の課題があり、同社は現在アーキテクチャーの全面的な見直しを進め
ています。その先にはどんな構想を描いているのか。そして IBM i を
どんな形で継続利用していくのか。同社 IT 推進部部長の山下 直也氏
にお話を伺いました。

Chapter
6

基幹システムの中心に位置づけられた IBM i

—— まずはフェリシモで展開されている事業についてご紹介をお願い
します。

　弊社は 1965 年の創業時からダイレクトマーケティング事業を柱とし
てきた企業です。ファッション、生活雑貨、手作りキット、レッスン商品
など、自社企画のオリジナル商品を中心に、Web やカタログを通じて
販売しています。

　一見すると、よくある通販会社のように思われるかもしれませんが、
決してそうではありません。毎月 1 回の定期便では「ともにしあわせ
になるしあわせ」をコア・バリューに、お申し込みいただいた商品と
ともに、翌月以降のしあわせな日々を生み出す、新たな商品やサービ
スのご案内を箱に詰めてお届けしています。商品ではなく、「最大級
で最上級のしあわせ」という "世界観" をお届けすることをビジネス
モデルの根幹としており、その意味で私たちは唯一無二の企業である
と自負しています。

フェリシモ Web サイト〈2024 年 5 月 30 日時点〉

雨の季節に便利な撥水（はっすい）アイテム、集めました。｜フェリシモ

好きも悩みもあっていい！50代・60代の服と雑貨。｜トキメキバイブル

ローカル麺とあじへん調味料の全国制覇を自宅で!?｜フェリシモ

初夏気分はじける新作ファッション、集めました！｜FASHION NEWS

風が通るダブルガーゼで、軽い、やさしい、きれい♪｜frauglatt

あなたの心にある、おしゃれの可能性が広がる。｜フェリシモ

今月、雑貨ランキング一位に輝いたのは！?｜フェリシモの雑貨Kraso

横濱でご招待！海風そよぐ神戸ベイエリアで素敵な1日を♪｜フェリシモ

── フェリシモの特徴的なビジネスモデルの中で、IBM i をどのような業務や用途でご利用されているのでしょうか?

　フェリシモではインターネット黎明期の 1990 年代後半にいち早く EC サイトを開設し、2000 年前半まではバックエンドに汎用機を利用していて、2000 年後半から TCO 削減を狙って検討・導入したのが IBM i です。2010 年より段階的に移行を行い、2014 年に導入完了しました。現在は、基幹システムのうちの販売管理（顧客管理）と商品管理の大きく 2 軸で IBM i を利用しています。

── IBM i のメリットは、カスタムメイドのシステムを動かす際に長期コストを抑え、パフォーマンスや安定性を得られることにあると一般的に言われています。唯一無二のビジネスモデルというお話もありましたが、カスタムメイドの基幹システムの中で IBM i を利用することは、他社とのどのような差別化につながっていますか?

　他のさまざまな流通小売業と比べても、フェリシモとお客様の取引は長期間に及びます。そうした長期の時間軸でお客様との関係性を築き、維持し、発展させるために、IBM i は大きな役割を担っています。

―― **これまで IBM i から他のプラットフォームへの移行を検討されたこ**
ともありますか？

　2010 年後半より、次期アーキテクチャーを検討した際に、脱 IBM i
も検討しました。基幹システムと Web 系のフロントシステムの統合を
進めた結果、アップデートに対して小回りが利かないという弊害が顕
在化していたのも事実です。そうした中で 2010 年代の後半に、全社
システムのアーキテクチャーの再検討を開始しました。、同じ頃、AWS
をはじめとするクラウドも一気に普及し始めており、大きな魅力を感じ
ました。そのため、IBM i からオープン系への移行は選択肢としてあり
ました。しかし、費用対効果の面で脱・IBM i はメリットよりもデメリッ
トが大きく、現在も利用しています。

―― **それでもオープン系やクラウドに完全移行するのではなく、IBM i**
を継続利用しているのはどのような理由からでしょうか？

　私たちは長年にわたりスクラッチ開発でシステムを積み上げてきた
経緯があり、その全てをオープン系やクラウドに完全移行するとなれ
ば莫大な費用がかかることが、社内での試算から明らかになりました。
加えて、これまで安定稼働してきたインフラの信頼性が低下する懸念も

ありました。フェリシモはリアル店舗を持っておらず、システムが止まる
ことは事業の完全停止に直結してしまいます。

　こうしたリスクを考慮したとき、システムの全面的な再構築を伴うオー
プン系やクラウドへの完全移行は、投資対効果の観点からもメリット
を見いだすことができませんでした（図表I-4 参照）。

図表I-4：他プラットフォームへの移行検討　③のハイブリッド化を選択

① やめる（全面再構築）	・移行に伴う期間・コストが大規模になり、投資回収ができる見込みが立たない。切り替えに伴うトラブルによる事業インパクトが大きい
② 現状のまま（現状維持）	・自社のIT課題対応は事業会社のIT部門NO責務である。VUCA時代において、現状維持は事業観点からみてもリスクが高い
③ ハイブリッド化（段階的シフト）	・IBM i に得意な領域（資産継承性・セキュリティ）は維持し、以外は段階的に移行（切り出していく）。（アプリの外だし、重要データは保持、APIによる連携）

次期アーキテクチャーにおける IBM i の位置づけ

—— IBM i を継続利用しつつ、基幹システムを今後どのようにアップ
デートしていくのでしょうか?

　先に述べたとおり、クラウドを含めたオープン系への完全移行は投

資を回収できる見込みが立たず、システム切り替えに伴うトラブルによる事業インパクトが大きいことから選択しなかったのですが、かといって現状のままでよいわけではありません。

ユーザー企業における IT システムの課題対応は IT 部門の責務でもあり、将来を予測することが困難な VUCA（Volatility：変動性、Uncertainty：不確実性、Complexity：複雑性、Ambiguity：曖昧性）の時代にあって、現状維持は事業観点からもリスクが高いと言わざるをえません。特に弊社のようなコンシューマー向けのビジネスを行っている企業の場合、環境変化にしっかり追随してしかなければ市場から淘汰されてしまうため、何もしないわけにはいきません。

そこで私たちが推進しているのは、ハイブリッド型による段階的なシフトです。IBM i の強みを活かせるバッチ処理などの領域はそのまま維持し、お客様やお取引先様、従業員などユーザー体験を伴う接点領域を順次オープン系への移行を進めていきます。

具体的には大量データのバッチ処理など、安定稼働を最優先すべきシステムは IBM i に残します。その優れた資産継承性を活かし、変更の少ない SoR 領域のシステムを統合します。一方でモダンな UI/UX を必要とするアプリケーションは IBM i 外で開発し、基幹システムと API で連携させます。データについても同様に守るべき重要な資産はセキュリティの強みを活かして IBM i に格納しますが、データ活用施

策は IBM i 外で実施します。

── 全社システムのアーキテクチャーはどのように変わりますか?

　従前のシステムは SoR、SoE、SoI の3つの領域が密結合になっており、これが小回りの利かない原因となっていました。これを疎結合化し、相互に変更やリスクの影響を及ぼさないようにすることで、柔軟なシステムを実現したいと考えています。「基幹中心」から「データ中心」へのシフトを進めることが、現在志向しているアーキテクチャーの基本方針です(図表 I-5 参照)。

図表 I-5:基幹システム中心とデータ中心の違い

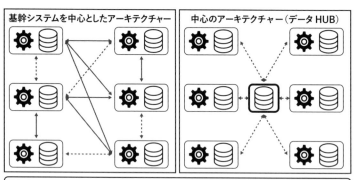

基幹システムを中心としたアーキテクチャー　　　中心のアーキテクチャー(データ HUB)

共有データをシステム側からデータ基盤側に移行し、アプリ側への依存度を切ることで独立性を高め、変更容易性を高める。
データの加工・変換の機能をアプリ側から、データ基盤側に集約させることで、加工コストを下げ、データ品質を高める。
データ連携を HUB 経由とすることで、それぞれのシステムの役割をシンプル化させ、保守効率性を高める。

　データ HUB を構築し、共有データをデータ HUB 側に移行し、アプリケーション依存を断ち切ることで独立性を高め、変更容易性を高めます。また、データの加工・変換の機能をアプリケーション側からデータ HUB 側に集約させることで加工コストを下げ、データ品質を高めます。さらに、そこでのデータ連携を常にデータ HUB 経由とすることで、それぞれのシステムの役割をシンプル化して保守効率性を高めます。

　この基本方針に基づいて今後のアプリケーション開発は、基幹システムを中心に作りこんでいくのではなく、データHUBを中心とし、各システムはデータHUBからデータを取得する構成へ切り替えます。IBM i は受け取ったデータを正しく高速に処理するバッチ処理機であり、データHUBから見れば、複数あるシステム（＝データソース）の1つとみなします。また、既存のビジネスロジックを有効活用するためにAPIサーバーとしても君臨します。（図表 I-6 参照）。

図表 I-6：アプリケーション開発フロー

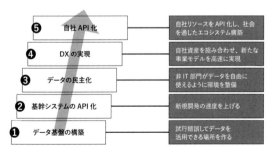

❺	自社 API 化	自社リソースを API 化し、社会を通したエコシステム構築
❹	DX の実現	自社資産を組み合わせ、新たな事業モデルを高速に実現
❸	データの民主化	非 IT 部門がデータを自由に使えるように環境を整備
❷	基幹システムの API 化	新規開発の速度を上げる
❶	データ基盤の構築	試行錯誤してデータを活用できる場所を作る

Chapter
6

—— **アーキテクチャーが変わることで、システム開発／アプリケーション開発のあり方も大きく変わりそうです。**

　おっしゃるとおりです。SoR 領域のシステム開発は従来どおりアウトソースを基本とすることでコスト削減を図っていきますが、SoE 領域のWeb 系アプリケーションやSoI領域のレポーティングや分析、データ連携開発については順次内製化を進めることで開発スピードを向上し、ビジネスのアジリティを高めていきたいと考えています。(図表 I-7 参照)

図表 I-7：SoE 、SoI、SoR の定義

—— **基幹システムから切り出すアプリケーションは、どのように決めているのですか?**

　IT 部門以外に各事業部門が独自に導入しているシステムも含め、

関係者へのヒアリングを実施し、まずは全社におけるデータの発生場所および利用場所を特定するための鳥瞰図を作成します（図表 I-8 参照）。全社におけるデータの配置場所およびデータの流れを把握することが、システムの統廃合および分散化を推進していく上での方針検討のインプットとなるのです。この IT 鳥瞰図をベースに、基幹システムから切り出すべき機能、そのまま残すべき機能、逆に基幹システムに統合すべき機能、あるいは廃止する機能を見極めます。

なお、この鳥瞰図を描く能力、切り分けの判断をする能力は事業会社の IT 人材として今後必須となるスキルであり、決して外部に丸投げせず、内製で取り組むべきと考えています。

図表 I-8：IT 鳥瞰図

自社全体の IT 鳥瞰図を書いて把握する

IT 部門以外で導入しているシステムも含め、ヒアリングしながら、自社全体のデータの発生場所および、利用場所を把握する鳥瞰図を作成する。

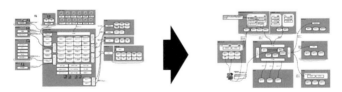

会社のデータの配置場所やデータの流れを把握することで
システムの統廃合および分散化させるための、方針検討のインプレットとなる。

この鳥瞰図をベースに、廃止するもの、切り出すべき機能、残すべき機能や、
基幹の中に統合すべ機能を見極める。

➡**この能力は事業全体の IT 人材で今後必須スキルとなります。**
外部に丸投げせず、内製 DE 取り組むべきです。（有識者による伴走・壁打ち相手は有益）

基幹システムを活かしていくための今後の展開

── 基幹システムを今後も長期にわたって安定稼働させながら、全社システムのアーキテクチャー変革を進めていくために、IT 部門として独自にどんな取り組みを行っていますか？

　先に述べた IT 鳥瞰図を最大限に活用しており、入社時のいわゆるオリエンテーション資料としても役立てています。社内業務のバリューチェーンの中で、各システムがそれぞれどのような役割を担っているのかを、IT 鳥瞰図を教材として説明します。また、各システムはどのような言語や技術を用いているのかをマッピングした資料も別途作成しました。

　一度聞いただけでは覚えられなくても、これらの資料を常に振り返って見直すことで徐々に理解が深まっていきます。まずはシステムの全体像をしっかり把握したうえで、それぞれの担当業務において自分が何をすべきかを考える、そんなカルチャーを IT 部門の中に醸成していこうとしています。

　加えて、属人化を防ぐために一人だけの担当を作らず、必ず正副体制で業務にあたることを原則としています。副の人材は、正の人材が作成したドキュメントをレビューするほか、システム開発をアウトソー

スしているベンダーとの打ち合わせの場に同席するだけの場合もあります。この取り組みは、「その業務を一人だけしか知らない」という状態にしないためのリスクマネジメントとなっています。

―― **最後に、今後に向けたフェリシモのシステム戦略や構想をお聞かせください。**

　SoR 領域については繰り返しになりますが、長期にわたった安定稼働を実現しつつ、コスト削減にも寄与する戦略をとります。

　SoE や SoI の領域では、今後も試行錯誤しながら CX（顧客体験価値）や EX（従業員体験価値）を高めていくための施策を実践していきます。そうした中での核心となるのがデータ活用であり、IBM i の外側にデータレイクを用意しています。そこに蓄積された大量のデータに対して、例えば生成 AI の技術を適用することで、エンゲージメントを向上させるための新たな価値や、ビジネスモデルをアップデートするためのアイデアなどを創出できればと考えています。

　さらに SoE や SoI の領域から得られた分析結果や気づきを SoR 領域にもフィードバックしていくことで、全社システムの進化を図っていきます（P154 図表 I-9 参照）。

図表 I-9：SoE 、SoI、SoR の関係図

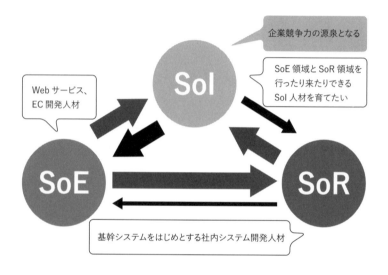

このように、システム戦略や構想を実行していく上で一番重要なのは人材の育成です。企業競争力の源泉となる SoI のシステムを強化し、活用していける SoI 人材を育てていく必要があります。しかし、そうした人材は SoI の領域を担当しているだけでは育ちません。あくまで SoR 領域や SoE 領域も経験しながら育成していく必要があります。個別最適のスペシャリストを育成するのではなく、各領域を横断できる越境型人材の育成を戦略としています。SoR のバックエンド領域に

関して、資産継承性の高さのおかげで教育コストが少ない IBM i を継続利用することで、SoE 領域、SoI 領域の業務を行うためのリソースを捻出することができており、越境型人材の育成にも力を入れています。

株式会社フェリシモ IT 推進部部長

山下 直也氏

第七章

デジタル人材の需要増、シニア化、人口減少

「2025年の崖」で改めて注目された、基幹システム人材のサステナビリティ

　基幹システム領域では、特に人材不足が深刻な問題となっています。終身雇用制度の崩壊に伴い、「後継者を育てる」という従来の考え方から、「多くの人々が持つスキルで日々の業務を運用する」という新たな視点が求められています。さらに、生産人口の減少を考慮すると、人間が行うマニュアル作業をできるだけ減らすことが不可欠です。

　先に述べたように、基幹システム3.0、すなわち「API・クラウド時代」は確実に始まっています。そしてそれは、基幹システムの「業務改善」と「人材不足問題」に大きく貢献し、費用対効果を最大化する実装方法が新たに出てきたことを示しています。

情報システム部のスーパーマン依存体制から分業型への転換

　IBM i のユーザー企業の中には、ビジネスからアプリケーション、インフラまで全てを一手に引き受けるスーパーマン的な存在がいるところがあります。それは素晴らしいことですが、**業務の継続性が特定の個人に依存する状況は避けるべき**です。

　終身雇用を前提とした若手時代からの後継者育成が難しい現在、組織全体がスーパーマン化することが求められています。各メンバーは自身の強みを発揮しつつ、特定の個人に依存しない仕組みを構築しなければなりません。

　API・クラウド時代の到来は、業務改善が容易になると同時に、特定の個人に依存しない体制作りを可能としました。クラウド、API、そして AI は、サスティナブルな基幹システムを維持するための人材体制の構築を容易にし、これが IBM i ユーザーにとって大きなメリットとなっています。

　では、スキル要件はどのように変わるのでしょうか。これまで IBM i の基幹システムを維持するために求められてきたスキルは、主に以下の 3 つです。

① ビジネス要件から情報システムの要件への落とし込みと業務改革・改善
② ①を踏まえたアプリケーション開発（フロントエンド・バックエンド）
③ ②を支えるインフラの運用・管理

　これらの中で最も重要なのは①です。①を実現するために②と③が必要です。しかし、②と③が仕事の大部分を占めてしまい、結果として①に取り組める時間が減少してしまうという問題が多くの企業で見ら

れます。

　IBM i 特有の現象として、①〜③は分業されることもありますが、他のプラットフォームに比べて負担が少ないことから、特定の担当者が全てを担当することが可能です。これがスーパーマンを生み出す原因となりがちです。

　しかし、これからの時代は、誰もが即戦力として活躍できる体制が必要です。そのためには以下の3つが求められます（図表7-1参照）。

図表7-1：分業型への転換

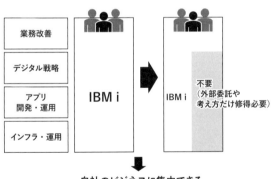

1. 自社社員の採用や業務を外部委託するときに、より一般的なスキル
を活用できる体制を構築する（特殊スキルの不要化）
2. 特殊スキルが必要、かつ自社ビジネスを熟知していないとできない
業務は、早期に習得できる仕組みを整える（特殊スキル修得の早期化）
3. 特殊スキルは必要だが、自社ビジネスを熟知していなくてもできる
業務は、ベンダーロックインされない形で外部委託する（特殊スキル
の外部化）

　AI・API・クラウドというテクノロジーは、これら 3 つの特性を備え
ており、スーパーマン依存体制からの脱却を支援し、IBM i のメリット
を活かした DX の実現が可能です。
　本来、一番集中すべきは、ビジネス要件を情報システム要件に落と
し込むこと、あるいは情報システムの視点からビジネス変革をリード
していくことです。そのため、実装面の仕事は、手間や特殊なスキルが
発生しないよう努めるに越したことはありません。

人材視点からの AI・API・クラウドの価値

　人材戦略の観点から、AI・API・クラウドが IBM i の運用をどのよ
うに支え、その体制を維持するのかを、具体的に見ていきます。まず、

IBM i を利用した基幹システムの実装を、フロントエンド、バックエンド、インフラの3つのレイヤーに分けて考えてみましょう（図表 7-2 参照）。

図表 7-2：フロントエンド、バックエンド、インフラの3つのレイヤー

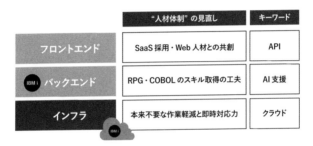

	"人材体制" の見直し	キーワード
フロントエンド	SaaS 採用・Web 人材との共創	API
IBM i バックエンド	RPG・COBOL のスキル取得の工夫	AI 支援
インフラ	本来不要な作業軽減と即時対応力	クラウド

「脱属人化」「IBM i 特殊スキル不要化」「企画業務へのシフト」

フロントエンド開発…API

　フロントエンド開発の人材不足を解決するためのキーテクノロジーは API です。API 連携により、IBM i 独自のスキルがフロントエンド開発に不要になります。

　IBM i のユーザーは、主に2つの方法でシステムを操作します。1つは従来からある黒いエミュレーター画面、もう1つはグラフィカルな画面です。黒い画面は IBM i の標準機能で比較的簡単に作れますが、グラフィカルな Web 画面となると、フロントエンド・エンジニアのスキルが必要になります。具体的には、画面設計を行うのに必要な

HTMLやJavaScript、データ処理を行うPHPやJavaなどの言語です。

　IBM iのデータをリアルタイムに表示するアプリケーションを実装する場合は、IBM iとフロントエンドの両方に対するスキルが必要となります。しかし、これらの技術を両方とも持つ技術者の数は限られています。PHPやJavaなどのフロントエンドの言語から、COBOLやRPGなどのバックエンドの言語を処理する技術はハードルが高く、多くの技術者を社内で育成するのは難しいですし、外部委託しようと思ってもなかなか見つかりません。

　その点においては、APIでIBM iの操作ができる状態にすれば、**IBM iのスキルを持っていなくてもIBM iのデータを活用したアプリケーションが実装できます**（図表7-3参照）。

図表7-3：Webサービス開発時のIBM i × APIの効果

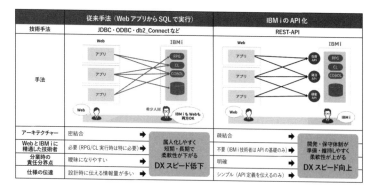

　APIの準備はバックエンドを担当するIBM i の技術者の仕事ですが、API化ソリューションの登場により、2020年以降、この作業は格段に楽になりました。つまり、APIはフロントエンドの開発者とIBM i を担当するバックエンドの開発者が共創できる時代を迎えたのです。

　場合によっては、フロントエンドはWebではなくSaaSを利用することもあるでしょう。しかし、IBM i がAPI連携可能であれば、SaaS側とIBM i 側が自由に連携できるようになります。

バックエンド開発…AI

　IBM i のバックエンド開発における主流の言語は、RPG、COBOL、CL、SQLです。特にRPGとCOBOLはレガシー言語と呼ばれ、他の言語に比べて、かつては習得のハードルが高いものでした。これは言語自体が難しいからではなく、習得するための方法が限られていることが理由です。

　一般的なプログラミング言語にはWeb上に多くの教材があり、個人でも負担可能な範囲の費用で研修も受けることができます。しかし、RPGやCOBOLは教材が少ない上に、研修も企業が負担しなければ参加できないような数十万円単位の費用が発生するものしかありません。そのため、先輩社員が使っていた古い研修のテキスト（数十年前のイラストで完全にやる気を削がれるようなもの）を渡され、「わからな

いことがあったら聞いてね」と、実務の中で先輩社員のサポートを受けながら習得していくという形式が一般的です。だからこそ、教えてくれる先輩社員が職場にいなければ、習得は困難と言わざるを得ません。

このような状況から、ChatGPTは非常に役立つ学習ツールとして注目されています。ChatGPTがRPGやCOBOLの習得において、技術相談に応じたり、サンプルコードを提供したりする先生のような役割を果たしてくれるからです。例えば、英語の情報源が多いRPGの場合、ChatGPTはこれらも含めて読み込むため、日本語でのインターネット検索よりも圧倒的に多くの情報ソースに間接的にアクセスできます。また、サンプルプログラムまで出力してくれるため、生産性が大幅に向上します。

レガシー・プログラムと新しいプログラム言語をコンバージョンするツールはすでにありますが、生成AIの進化により、その精度はさらに向上し、テストもしやすくなることが予想されます。そして、レガシー言語の壁を乗り越える時代が訪れるでしょう。

私たちは、**バックエンド開発（少なくとも設計に関するところ）においては、お客様側で主導権を持つべき**だと考えています。とはいえ、レガシー言語が特殊スキルとなると、人材育成のハードルが上がり、育成に時間がかかることは否めません。その点はIBM i のネガティブなポイントの1つです。AIの進化により、この問題が解決されることを期待しています。

インフラ…クラウド

　最後に、インフラ面について見ていきましょう。まず大前提として、IBM i のインフラ管理は非常に簡単です。Windows や x86 サーバーでは CPU やメモリーの丁寧な監視が必要となりますが、IBM i ではストレージ容量のみを監視すれば十分であり、CPU 使用率が 100%になっても問題はありません。例えば CPU が長時間 100% に張り付いたままでもシステムダウンすることなく動き続けることができるほど IBM i は安定しています。しかし、他の OS では、CPU 使用率の上昇により急激なパフォーマンス劣化を起こす場合があります。最悪の場合、サーバーが停止することもありますので、細かな監視が必要です。

　IBM i の OS レベルの監視は極めて簡単ですが、数年に一度のハードウェアのリプレースは、企業の基幹系システムとして利用しているだけに、どのような手順で行うかなど、ノウハウの継承が難しい側面もあります。

　しかし、クラウドの普及により、その考え方はガラッと変わりました（P166 図表 7-4 参照）。ハードウェアを自社で購入するオンプレミスの場合、クラウドのように環境を作ったり消したりが簡単ではないため、バージョンアップ作業などは一大イベントとなります。多くの企業ではハードウェアの保守期限やリース期限が来るまで、古いバージョンのまま塩漬けにしてしまうことが起こるほどです。

図表 7-4：IBM i によるビジネス変革

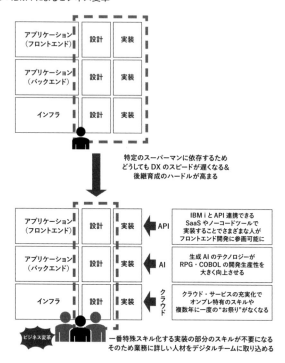

それに対して、クラウドであれば、そのハードルは大幅に下がり、定期的なバージョンアップやハードウェア移行という数年に一度のお祭りがなくなります。IBM Cloud の操作画面は多少のスキルが必要ですが、これは外部に委託可能です。これにより、ユーザーはインフラ管理について意識する必要がなくなります。

情報システム部における業務変革がもたらすこと

　API やクラウド、AI などの技術が出てきたことで、高速で新しいシステムを実装できるようになり、業務から IBM i まで熟知したスーパーマンは、自らの仕事を外部に委託しやすくなりました。

　しかしながら、仕事の変革は予想以上に難しいものであり、人間は慣れ親しんだ作業にとどまりがちです。経営課題に果敢に取り組むためには、日々のルーティン業務から解放され、そこに集中できる環境の整備が必要です。

　企業がこの変革を促進するには、短期的に見ればコストがかかることもあります。例えば、ツールの導入や一部業務の外部委託に伴うコストがそうです。しかし、これらの投資に対して勇気を持って取り組むことが、組織としての成長には不可欠です。

　その一方で、意外と難しいのは、個々人の仕事の変化です。人間はどうしても慣れた仕事をしてしまいがちです。より生産性の高い仕事を行うためには、たとえ基幹システム業務でもルーティン化できる業務は外部委託したり、別のメンバーに割り当てたりすることで、新たな業務に取り組むことができます。

　私たち自身も慣れた仕事から新しい仕事にシフトしていく大変さを理解しているだけに、情報システム部門が業務変革に直結する仕事が

できるための環境整備をサポートしていきたいと考えています。

自社で継続すべきデータベースの基本設計

新しいテクノロジーの台頭により、業務の責任分界点を明確にすることが容易になり、フロントエンド開発などの一部業務を外部に委託することが可能になりました。しかし、バックエンドの開発、特にデータベース構造の設計は、絶対に自社内で行うべきです。自社専用のデータベースを設計することは、IBM i のユーザーにとって大きな強みとなります。この部分を外部に委託してしまうと、業務変革の際に迅速な意思決定が困難になる可能性があります。

よく見かける問題は、IBM i の活用法について理解し、方向性に合意しているにもかかわらず、現在支援を受けている会社からの猛反対に直面するケースです。業務の一部を外部委託すること自体は良いことですが、問題は委託先に主導権を握られてしまうことです。

では、このような状況を回避するために、自社でどこまで押さえておくべきでしょうか。

私たちの答えは、システムの設計部分です。外部に委託していても、自社が委託先に対してリーダーシップを取れているかどうかは、システム設計を自社で行っているかどうかによって決まります。

　一般論として、IBM i にかかわらず、設計から開発まで、開発を委託したベンダーに隅々まで依存してしまうことがありますが、IBM i のユーザーは重要な部分、とりわけバックエンドの設計部分は絶対に内製化すべきです。この部分は、業務をシステムとしてどう実装するかに直結しています。そのため、**データベースの構造は自社で確実に把握しておく必要があります。**

　この部分を押さえていれば、自社主導でさまざまな取り組みを推進することが可能になります。特に近年は、新しいツールやサービスが次々と登場しています。これらを積極的に利用し、業務変革に取り組むことが重要です。

　さらに、システムの設計部分については、必ず自社にノウハウを持っておきましょう。IBM i の上で動くカスタムメイドの仕組みを継続して利用する以上、その努力は必要不可欠です。もし、システムの設計部分を手放したいのであれば、ノンカスタマイズで ERP を導入することが適切な選択となります。ただし、その場合、現在のカスタムメイドの仕組みによって担保されている競争優位を部分的に諦めなければなりません。

Chapter

7

外部へのサービス提供と強固な開発体制の構築

　労働人口の減少は、情報システム部門の人材確保を一層難しくしています。予算が豊富であれば、デジタル人材を大量に採用することも可能かもしれません。しかし、予算が限られている企業も多く、それは難しいでしょう。

　このような状況下でデジタル人材を確保するソリューションとして、情報システム部門が外販も行うことが挙げられます。**プロフィット・センターとして、「稼ぐIT部門」を目指すことで人材確保が容易になり、次世代に向けた投資も積極的に行えるようになります。**それに伴い業務の効率化も進んでいきます。M&Aが進むこともあれば、基幹システムを共有することもあるでしょう。

　2015年頃、ある製造業のお客様へのご提案活動を進めていた際に言われたことを今も鮮明に覚えています。

　「たしかに、カスタムメイドのアプリは、これまで企業の競争力の源泉となってきました。特に製造業や卸業のように各社が異なる製品を扱っているところでは、自社独自のシステムを維持することが一般的です。そうはいっても、デジタル人材に対して特別待遇ができない中堅企業では人材不足が深刻化し、情報システムを維持できなくなる企業が増えていきます。結果として、システムを維持し続けられる企業と

そうでない企業とでは、命運が分かれることになるでしょう」

その方の先進的な見方は、今も記憶に新しいです。そして現在では、外販を行っている企業が増えているように感じています。とりわけ、IBM i の価値を感じている企業が、外販を推進している傾向にあります。その理由は、管理が容易であるため、少人数でも多くの顧客に対してサービスを提供できるからです。

そして、提供先が多くなればなるほど、時代に合わせた新機能への投資もしやすくなります。ここ数年で、そうした流れは強まっており、今後もこの流れは続くでしょう。

自社システムをクラウド提供する光世証券

光世証券株式会社は、IBM i で蓄積したアプリケーション資産を外販する代表的な企業です。1961 年に巽悟朗氏によって創業され、独立系総合証券会社として、多岐にわたる金融商品の取り扱いやデリバティブ取引に積極的に取り組んできました。その中で、証券業務の効率化と最適化を目指し、自社開発の基幹業務システム「KICS」を長年使用し、そのノウハウを蓄積してきました。

KICS は、フロントオフィスからバックオフィスまで、全ての証券業務機能をカバーするオールインワンシステムです。このシステムはカスタ

マイズが可能であり、クライアントのニーズに応じたオーダーメイドの
サービスを提供しています。国内外の株式や先物・オプション、投資
信託など、ほぼ全ての金融商品に対応している点も特徴の1つです。

　KICS のバックエンドは、安定性と資産継承性の高い COBOL で開
発されています。そして、フロントエンドは GeneXus といったノーコー
ドツールや PHPQUERY というデータ活用ツールを利用し、ブラウザ
ベースで作られていることも特筆すべき点です。さらに、API 連携によ
りクラウドストレージ Box との連携など、IBM i と新しいテクノロジーと
の組み合わせを積極的に推進しています。

　また、アプリケーションだけでなく、インフラにおいても、クラウド
化を積極的に行っています。2022 年からオンプレミスで稼働していた
KICS を IBM Cloud にクラウドリフトしました。それを外販されている
サービスにも活用することで、新しく KICS を採用する企業が短期間
かつ低コストで KICS クラウドを導入できるようにし、外販サービスの
競争力強化にもつなげています。

　こうした取り組み推進する体制としては、証券業務から情報システ
ムまで広範な領域に精通した石川卓也取締役が方向性を示し、フロ
ントエンドからバックエンドまでそれぞれのスキルを持ったシステムソ
リューショングループのメンバーがさまざまな取り組みを推進していま
す。

（写真）光世証券本社ビル

開発体制は、一般的な証券業務を担う情報システム部門と比較すると、非常に効率的です。これは IBM i の安定性・信頼性が、この少数精鋭の体制の構築に貢献していると言えるでしょう。

積極的なビジネス展開と自社システムの DX を推進する強い情報システム部門と最適なテクノロジー選択があってこそ、強力な情報システム戦略を立てるこ

とが可能です。この点においては、資産継承性と安定性の高い IBM i をバックエンドに、API 連携などで新しいサービスと組み合わせ、プロフィット・センターとして開発体制の強化を進める光世証券の事例からも明らかです。

積極的な取り組みを推進される
光世証券株式会社システムソリューショングループのメンバー

（右）権藤 信明 部長、（中）西村 冬樹 部長、（左）石田 航輝氏

おわりに

　本書では、主に以下のメッセージをお伝えしました。

・IBM i は、カスタムメイドのアプリケーションを稼働するプラットフォームとして優れている

・デジタルシフトや多様な SaaS・AI の出現により、企業のデジタル化のニーズが高まっている

・生産人口の減少や終身雇用が変化する社会環境の中で、IBM i のユーザーは正念場を迎えており、AI・API・クラウドがその状況を打開するための武器になる

　具体的には、IBM i はカスタムメイドのアプリケーションのバックエンドとして非常に優れているため、フロントエンドは新しく出てくるツールと API 連携しながら進めていけるか、AI を使って開発生産性改善やスキル修得の壁を壊していけるか、クラウドを利用してインフラの不要な作業を軽減し、即時対応力をつけていけるかがポイントとなります。

　さらに先に述べたとおり、IBM は中長期で IBM i を提供し続けるリーズナブルな理由があり、IBM i が IBM から提供されなくなる可能性は現実的には低いと考えられます。また、他のプラットフォームへの移行が成功している事例がほとんどないことから、IBM i を利用しているユーザーにとって、AI・API・クラウドなどを取り入れながら IBM i を活用していく戦略が成功確率の高いものになるでしょう(P176 図表 E-1 参照)。

おわりに

図表 E-1：IBM i を取り巻く環境

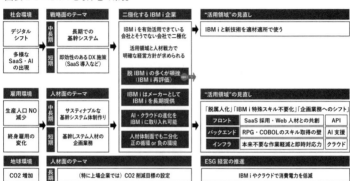

私たちは決して IBM i だけが正解だとは思っていません。「IBM i が何か」、そして「次の時代に合わせてどのようなことができるのか」を理解することは難しい部分であるため、「正しく理解いただいた上で、企業としての戦略立案をしてほしい」という想いで本著を執筆しました。

最後に、IBM i の最も得意分野である基幹システムが、今後どのように変わっていくのか、IBM i やエンタープライズの基幹システム全体がどのように変わっていくのか、各企業をつなぐサプライチェーンという観点から未来予測をし、本書を締めくくりたいと思います。

企業間連携、すなわち企業間のコミュニケーションに関する課題は多岐にわたります。多くの企業がメールや Excel、書面、FAX、電話などでやりとりをしており、このような手法では、コミュニケーションの効率性が低いことが課題として挙げられます。大口の取引先とは EDI

などの手法を使用する一方で、依然として人が介在するオペレーションも多く存在しているのが現状です（図表 E-2 参照）。

図表 E-2：企業間連携に関する課題

　これを改善するためには、基幹システムの情報をリアルタイムに取引先と共有する必要があります。ただし、どのようなデータを共有するかは、各社にとって非常にセンシティブなことであり、慎重に検討すべきです。

　しかし、こうした仕組みは生産人口の減少という流れによって、産業全体が効率化を迫られることになります。生産人口の減少は、IBM i の体制作りに限った話ではありません。むしろ、これは産業のあらゆる部分に影響を及ぼす話です。

　また近年では、自然災害、パンデミック、地政学リスクといった要因や、サプライチェーンの寸断、半導体不足、原材料高騰などの問題が顕在化しています。さらに、ESG、環境、人権、トレーサビリティに関する関心が高まるとともに、カーボンニュートラル、EV シフトといった動きも目立ちます。これらの課題は、特にものづくり産業をつなぐバリューチェーンの高度化において、産業全体のテーマとなっています（P178 図表 E-3 参照）。

おわりに

図表 E-3：ものづくり産業をつなぐバリューチェーンの高度化

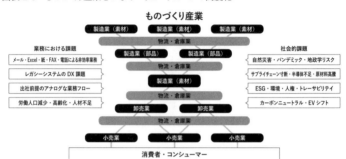

複雑なバリューチェーンのもとで成り立つものづくり産業は、さまざまな課題を抱えている

　このバリューチェーン全体が、今後さらにアップデートされていくだろうと予想しています。その予想を裏付ける事象を2つご紹介します。

　1つ目は、企業間の受発注でAPI連携を始める会社が出てきており、取引先としてそれに対応している企業も増加していることです。

　具体的な事例としては、半導体メーカーのテキサス・インスツルメンツ社（以下TI社）が、取引先に対して公開を開始したAPIがあります。半導体の需要増加に伴い、リアルタイムでメーカー在庫を把握し、在庫切れが解消されたタイミングで即座に受発注できるようにしたいというニーズの高まりが顕著です。これにより、自社のIBM iの基幹システムからTI社のAPIを直接実行して、受発注業務を効率化し、リアルタイムに調達できる仕組みを整えている企業も出てきています。

　2つ目は、取引先向けに自社の基幹システムのデータをリアルタイ

ムに共有したいというニーズが高まってることです。これは、弊社の
MONO-X B2B（旧 Next B2B）という取引先の Web サイトを簡単に
構築できるサービスの提案や提供を通して感じることです。

　もちろん、セキュリティーやアクセス権の管理を十分に考慮する必要
がありますが、ビジネスのスピードが今まで以上に求められ、クラウド・
サービスが普及し基幹システムセキュリティーへの考え方が変わってき
たことで、検討や実装を進められている企業が増えています。

　リアルタイムに情報を共有したいというニーズの中でも、最も多いの
は、FAX・電話・メールなどの受注形態が残っており、Web の受発
注や在庫照会を実現したいというニーズです。この他にも、仕入れ先
に対して、生産計画を仕入先に対してリアルタイムに示したいというニー
ズもあります。

　バリューチェーン全体がアップデートされていることを感じる、2つの
例をご紹介しました。こうして、大部分の取引が自動化され、川上か
ら川下まで受発注がリアルタイムで行われる世界となっていくことは間
違いないでしょう。

　ではその時に基幹システムに IBM i を採用している会社はどうなっ
ていくでしょうか。

　改めて IBM i が評価される時代が来ると考えています。IBM i は歴
史を持つだけに、古いプラットフォームとみなされがちですが、実は

おわりに

API連携の実装や取引先向けのWeb公開の仕組みを作ることが非常にしやすいプラットフォームです。また、基幹システム間が接続された状態になっていくと、時代を超えて認められてきた、信頼性、高パフォーマンス、高セキュリティ、資産継承性は、さらに評価されるでしょう。

最後に少しだけ私たちMONO-Xが取り組むサプライチェーンのプラットフォームを創るという取り組みの背景をご紹介させていただきます。私たちは多くのIBM iユーザーへのご支援をする中で、こうした企業間取引をリアルタイムにしていくニーズが改めて高まっていることを感じてきました。当然、取引先はIBM iを利用しているとは限らないため、この課題は産業全体の課題です。

産業全体に跨り、さまざまな問題が複雑に絡み合った企業間取引（サプライチェーン）に革命を起こすことができれば、IBM iユーザーも、そうでない企業にとっても大きなメリットがありますが、特にIBM iユーザーにはそのメリットが大きいと感じています。

なぜならIBM iのユーザーにとっては自社のカスタムメイドの基幹システムを育てていくハードルが下がり、競争優位を築くためにカスタムメイドの基幹システムを維持していくことのメリットが大きくなるからです。

課題解決がすぐにでも迫られている領域こそ、変革を起こしやすく、日本に2万社以上あり、特に製造・流通業で利用されるIBM iユーザーのニーズや課題が、産業全体に跨るサプライチェーン全体の課題を解

消していく一つの起爆剤にもなると感じています。

　これまで、IBM i のユーザー企業で、デジタル化がうまく進んでいない会社は、その理由を IBM i に求められることが多かったかと思います。しかし、AI・API・クラウドによって、IBM i がさらに使いやすくなっていくことは、この本で強調させていただいた通りです。

　IBM i は多くのユーザーに愛されてきた企業向けの IT 製品です。これほど長期間にわたり支持されている製品は他にはないのではないでしょうか。**AI・API・クラウドの恩恵も取り込みつつ、企業間の基幹システム連携が当たり前になっていく時代になることで、IBM i の価値が評価される時代だと確信しています。**

　デジタル戦略の推進において日々チャレンジをされる際に、本書がIBM i のユーザー企業のみなさまの一助となれば幸甚です。

謝辞

　本書を書き上げるにあたり、まずはインタビュー、社名、事例の掲載にご協力くださいました光世証券株式会社様、株式会社フェリシモ様、株式会社優生活様（五十音順）に深く感謝申し上げます。日本アイ・ビー・エム株式会社様には、情報提供、インタビューにご協力いただきました。誠にありがとうございました。そして、株式会社日本アイ・ビー・エム代表取締役　山口明夫様から「持続可能かつ企業競争力を高める期間情報システムがどうあるべきか、改めて考えさせられた。多くの企業トップ・CIO にお読みいただきたい 1 冊だ」という、素晴らしい推薦文をお寄せくださいましたことも感謝をお伝えしたく存じま

す。また執筆初体験の中、編集をサポートいただきました株式会社グローヴィスの足立様、伊藤様はじめ皆様のお陰で、なんとか形にすることができました。

　最後に、この本を手に取ってくださいました読者の方々に心より感謝申し上げます。本書は『IBM i 2030』と題していますが、AI をはじめとしたテクノロジーの進化が今まで以上に早い今、2030 年にはより多様なアプローチができるようになっているかもしれません。ご期待に応えていけるよう、弊社一同、今後も鋭意努めて参ります。

株式会社 MONO-X　下野 皓平・菅田 丈士

IBM i
AI・API・
クラウドが創る
2030

2024 年 7 月 1 日　初版第 1 刷発行

著　者	下野 皓平、菅田 丈士
発行者	足立 克之
発行所	株式会社グローヴィス
	〒106-0047 東京都港区南麻布 3-20-1 麻布テラス 5F
	TEL.03-6859-8421
企画元	株式会社 MONO-X（代表取締役：藤井 星多）
編集者	工藤 俊平、本谷 泰助
校正者	伊藤 可奈恵
装丁・デザイン	大高 広

本書制作にあたり、ご協力をいただきましたみなさまに心より感謝申し上げます。
定価はカバーに表示してあります。乱丁・落丁がありましたらお取り替えいたします。
本書の無断転載・複写（コピー）は著作権上の例外を除き、禁じられております。

ISBN 978-4-434-34308-7　C2204
発売元：星雲社（共同出版社・流通責任出版社）